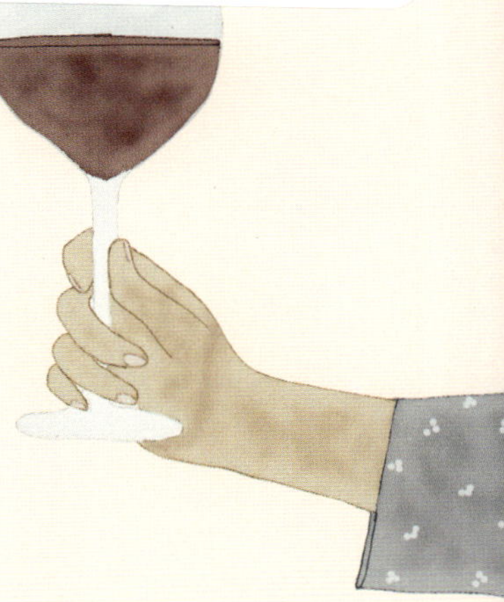

FINDE
DEINEN WEIN

MADELYNE MEYER

FINDE DEINEN WEIN

Einfach. Schnell. Kompetent.

at VERLAG

Widmung

Unseren Zwillingen, die mir während des Schreibens und Illustrierens dieses Buches ständig in den Bauch traten. Mögt ihr für immer so wild und lebhaft bleiben.

INHALT

VON DER WEINBLOGGERIN ZUR WEINHÄNDLERIN

Wenn ich auf die letzten acht Jahre zurückblicke, muss ich mir eingestehen, dass ich tatsächlich keinen Plan hatte, wohl aber eine Mission. Und getrieben von dieser Mission, entstand aus einem kleinen Weinblog eine Geschäftsidee: von Teilnahmen an Blog Awards, einem Live Talk vor fünfhundert Personen und meinem ersten Weinbuch »Endlich Wein verstehen« (das mittlerweile bereits die neunte Auflage erreicht hat) über Live-Stream-Degustationen für Tausende Weingenießerinnen während der Covid-Pandemie bis zu einem Online-Shop namens edvinweine.ch, einem Weinladen und dem fachlich fundierten Instagram-Kanal @edvin_weine.

Heute weiß ich, dass eine Mission wichtiger ist als ein Plan. Meine Mission, die aus tiefstem Herzen kommt, trieb mich auf ganz natürliche Weise unermüdlich weiter.

Die Mission? Weinwissen auf einfache Art vermitteln und allen einen Zugang zur Weinwelt ermöglichen.

Es geht also weiter, weiter voran ... Ganz normale Weintrinkende sollen Wein nicht nur verstehen, sondern diesen auch sicher, schnell und kompetent auswählen können. Willkommen im Buch für Fortgeschrittene.

Etwas will ich Ihnen noch mit auf den Weg geben: Je mehr man über Wein weiß, desto mehr realisiert man, dass man eigentlich nichts über Wein weiß. Doch bitte nicht verzweifeln! Das ist nicht weiter schlimm, denn Wein ist in erster Linie dazu da, genossen zu werden. Nehmen Sie es also ganz locker. Und wenn Sie wirklich mal ratlos sind, sagen Sie einfach selbstbewusst und laut: »Diesen Wein verstehe ich noch nicht.« – Eine wahrhaft beeindruckende Aussage.

Den perfekten Wein findet man selten. Man könnte sein ganzes Leben damit verbringen, ihn zu suchen – und es wäre kein verschwendetes Leben. Lassen Sie sich Zeit bei der Suche nach den passenden Weinen. Verzeihen Sie sich auch mal einen Fehler, feiern Sie geglückte Food-Wein-Kombinationen und vor allem: Genießen Sie!

EINLEITUNG

»Ich liebe dieses Pferd.«

Als ich einmal einen Live Talk vor mehreren Hundert Zuschauerinnen und Zuschauern hielt, brachte ich das Publikum mit einem simplen Satz zum Lachen.

Ich erzählte von einem Szenario, das Ihnen sicher ebenfalls bekannt vorkommt. Sie stehen vor einem Weinregal. Unmengen von Flaschen türmen sich vor Ihnen auf. »The Wall«, die meterhohe eisige Wand in »Game of Thrones«, ist nichts dagegen. Schon beim ersten Blick graut Ihnen vor der Auswahl. »Uff, anstrengend«, denken Sie augenrollend mit suchendem Blick nach oben, als würden Sie ein Stoßgebet zum Himmel schicken. Sie kennen Ihr Budget von, sagen wir mal, fünfzehn Euro und wissen, dass sich diese Weine im mittleren Bereich des Regals befinden. Ihre Augen schweifen über die Reihen, und – zack! – ein Etikett spricht Sie an: »Ich liebe dieses Pferd.« Der Preis stimmt. Traubensorten irgendwie auch. Gekauft.

Als das Publikum sich dabei ertappt sah, oft genau so Wein auszuwählen, und über sich selbst lachen musste, wurde mir klar, dass wir alle vor den gleichen Herausforderungen stehen.

Drei Herausforderungen hemmen uns bei der Wahl des Weins:

1. Unklarheit über den bevorzugten Weinstil. Wieso mag ich gewisse Weine sehr und gewisse Weine gar nicht?
2. Überforderung vor dem Weinregal. Wo fange ich überhaupt an? Wonach richte ich mich?
3. Druck im Restaurant: Wie finde ich auf der Karte einen Wein, der allen schmeckt? Und zu allem passt?

In diesem Buch widmen wir uns diesen drei Herausforderungen, sodass Sie künftig schnell, sicher und kompetent einen Wein auswählen können – ganz ohne einen Tropfen Schweiß zu vergießen und unabhängig von jedem Pferd auf dem Etikett.

Die Weinwelt sagt:

»Ich hätte gerne den Pontet-Canet 05er.«

»Ist das ein terroirtypischer Chablis?«

»Ich mag Weine mit einer knackigen Mineralität.«

»Ist dieser Riesling süß oder trocken?«

»Wann wurde dieser Jahrgangschampagner degorgiert?«

»Ist dieser 2015er Barolo überhaupt schon trinkreif?«

»Wie viel neue Eiche hat dieser Wein gesehen?«

»Schmeckt man den Sémillon-Anteil in diesem Entre-deux-Mers überhaupt?«

Ich sage:

»Also ich nehme diesen Rotwein hier.«

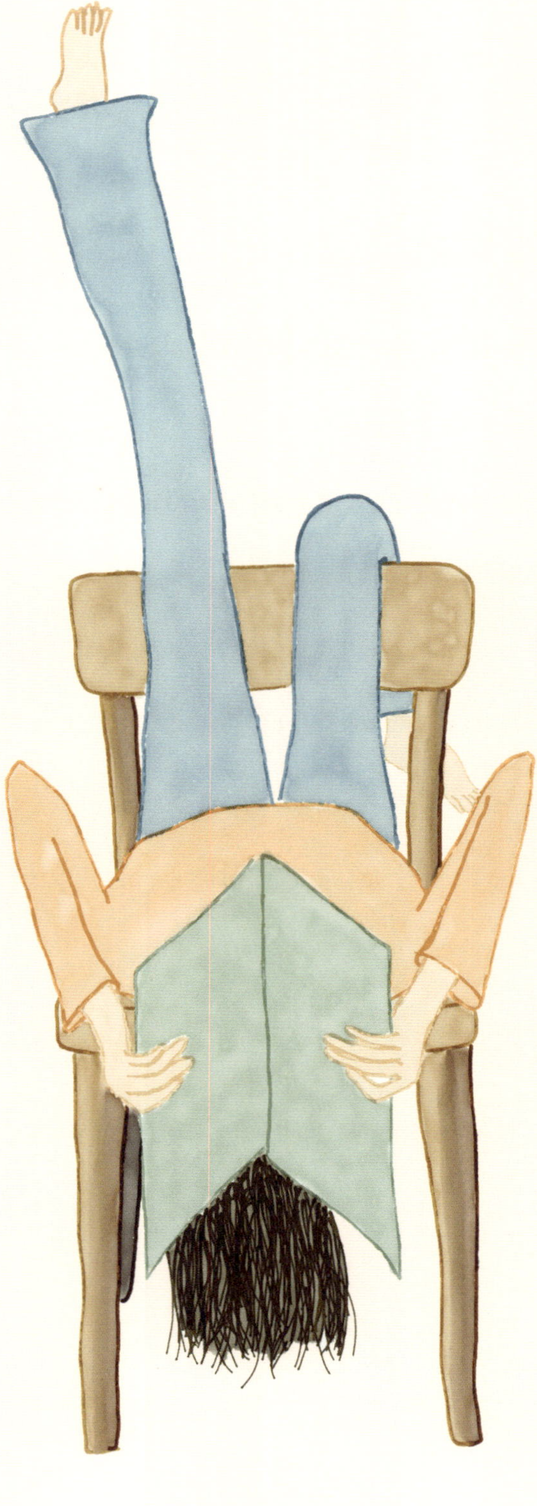

SEINEN WEINSTIL FINDEN

Darf ich, ohne Ihnen zu nahe treten zu wollen, davon ausgehen, dass Sie in Bezug auf die Qualität eines Weins aus vollem Herzen und im Brustton der Überzeugung genau zwei Unterscheidungen machen können, nämlich:

1. »Diesen Wein mag ich.«
2. »Diesen Wein mag ich nicht.«

Keine Sorge, Sie sind damit nicht allein. Sehr vielen Weingenießenden ergeht es ebenso. Diesem Phänomen wollen wir hier näher auf den Grund gehen. Wieso wissen wir, welche Weine wir mögen und welche nicht, können aber nicht sagen weshalb? Die Folge davon ist, dass wir immer zu den gleichen Weinen greifen, die gleichen Weine trinken. »Ich trinke am liebsten Weine aus dem Ribera del Duero und der Toskana. Mit französischen Weinen kannst du mich jagen.« Bam. Basta. Diskussion beendet. Als hätte die betreffende Person schon jeden französischen Wein gekostet und alle für scheußlich befunden. Was für Chancen, was für Entdeckungen verpassen wir auf diese Weise. Es könnte nämlich durchaus sein, dass es französische Weine gibt, die ähnliche Eigenschaften haben wie die toskanischen.

Bevor es ans Eingemachte geht, nämlich die Frage: »Wie finde ich meinen Wein im Laden oder im Restaurant?«, müssen wir verstehen, wie Wein »funktioniert«. Weil es keine Bedienungsanleitung oder Checkliste für das Vorgehen vor dem Weinregal oder der Weinkarte im Restaurant gibt, kommen wir nicht umhin, uns etwas Wissen über Wein anzueignen.

In diesem Kapitel lernen Sie, welche Komponenten einen Wein ausmachen und welche geografischen Gegebenheiten ihn beeinflussen. Wenn Sie sich den Inhalt dieses Kapitels verinnerlichen, haben Sie schon sehr viel verstanden und das Weinauswählen wird dadurch einfacher und sicherer.

DEGUSTIEREN

»Schatz, was hatten wir letzthin bei Ackermanns getrunken? Der Wein schmeckte richtig gut. Sooo … rund halt.« »Warte mal, ich glaube, ich hab die Flasche fotografiert.« Nach minutenlangem Scrollen ist das Foto in der Bildergalerie des Handys gefunden. Doch auch das hilft nicht wirklich weiter.

Wir haben die Tendenz, beim Weingenießen nicht sehr aufmerksam zu sein. Es geht alles schnell: Flasche auf, Glas voll, gelöste Stimmung, anregende Gespräche, Essen, Schmatzen, Grunzen und hoppla: »Welchen Wein haben wir letzthin in diesem italienischen Restaurant getrunken? Der war so gut. Rot war er …«

Hier liegt des Pudels Kern: Wir nehmen uns keine Zeit, den Wein wirklich kennenzulernen. Dabei genügt es schon, sich dreißig Sekunden Zeit zu nehmen, um die Haupteigenschaften, den Weincharakter festzustellen und sich zu merken, um ihn dann wenn nötig beim nächsten Mal wieder abrufen zu können.

Gehen Sie folgendermaßen vor:

1. Glas schwenken

Beim Schwenken des Glases verdunstet Alkohol und zieht dabei Aromastoffe mit sich aus dem Glas. So können Sie viel mehr Aromen riechen. Schwenken Sie das Glas immer. Auch beim Probierschluck im Restaurant. Nehmen Sie so das volle Potenzial des Weins wahr. Selbst Schaumwein darf man kurz schwenken, einfach weniger stark.

2. Riechen

Halten Sie die Nase über das Glas, den Mund ganz leicht geöffnet – so kann man mehr Geruchsnoten wahrnehmen. Versuchen Sie nicht, bestimmte Aromen zu erkennen. Es bringt Ihnen nicht viel, wenn Sie im Wein Veilchen von Geranie unterscheiden können. Achten Sie vielmehr auf den Stil des Weins insgesamt:

- Ist der Wein eher zurückhaltend oder aufdringlich? Zeigt er sich eher mild oder ausdrucksstark?
- Mögen Sie diese Eigenschaft?
- Merken Sie sich diese Wahrnehmung. Das ist allerdings zugegebenermaßen leichter gesagt als getan.

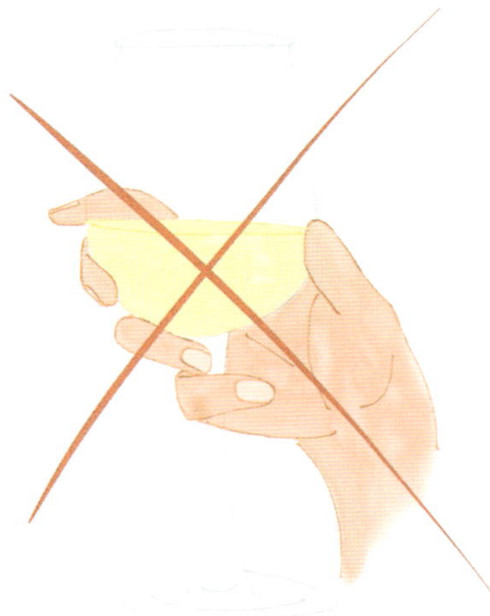

FALSCHES HALTEN

KORREKTES HALTEN

3. Verkosten

Gönnen Sie sich einen großen Schluck über die ganze Zunge. Auch hier gilt: Gesamtcharakteristik statt (Einzel-)Aromen.

- Stellen Sie Leichtigkeit fest oder Dichte? Nehmen Sie den Wein als kräftig und robust oder eher als geschmeidig und rund wahr?
- Mögen Sie diese Eigenschaft?
- Merken Sie sich diese Wahrnehmung.

Sie sehen: Ich vermeide ganz bewusst genauere Aromadefinitionen. Aromen spielen eine wichtige Rolle in der gehobenen Gastronomie, wo Pairings das Wein-Ess-Erlebnis auf ein anderes Niveau heben können. Im Alltag jedoch genügt es vollauf, wenn Sie mineralisch von fruchtig oder erdig von fruchtig unterscheiden können. Mehr dazu im nächsten Kapitel (Seite 22ff.).

Leichter, filigraner Wein vs. dichter, schwerer Wein

Robuster, kantiger Wein vs. runder, samtiger Wein

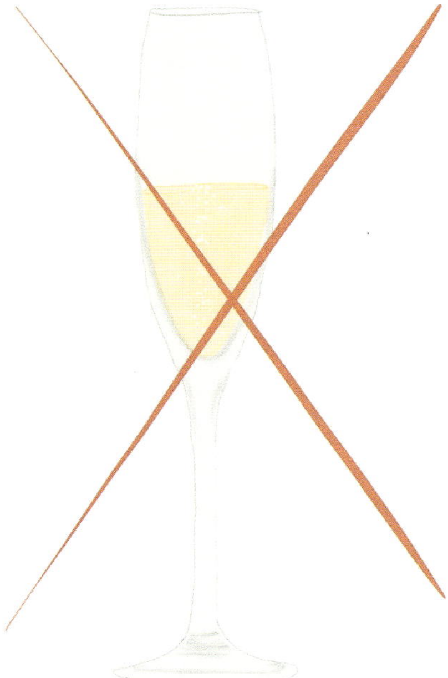

SEKTGLAS,

ein Aromadieb

UNIVERSALGLAS

unterstützt Aromen:
Genügend großer Bauch für die Entfaltung der Aromen dank Sauerstoffzufuhr.
Genügend enge Öffnung, sodass nicht alle Aromen sofort entweichen.

Gut zu wissen:
Schaumwein schwenken hilft bei der Aromaentfaltung – solange der Wein nicht wie die Wäsche in der Waschmaschine geschleudert wird. Da Kohlensäure schwerer als Luft ist, liegt sie wie eine Decke über der Flüssigkeit. Durch das Schwenken des Glases wird die Kohlensäure reduziert, sie steigt im Glas auf und zieht die Aromen mit sich.
Um die Aromen eines Schaumweins noch besser zur Geltung zu bringen, können Sie ein Universalglas verwenden, das mehr Oberfläche als die Flûte (Flötenform) hat und mehr Platz für die Entfaltung der Aromen im Glas bietet. Ein Schaumwein hat schließlich mehr zu bieten als nur Schaum!

DEN WEINCHARAKTER ERKENNEN

In diesem Kapitel kommen wir dem Heiligen Gral Ihres Weinstils näher. Sie lernen zu unterscheiden und zu erkennen, welche Weincharakteristiken es gibt, welche Ihnen gefallen und welche nicht.

Zuerst muss man allerdings wissen, welche Elemente den Weincharakter bestimmen. Denn jeder Wein besitzt seinen eigenen Charakter, und dieser beruht auf verschiedenen Komponenten.

Jeder Mensch nimmt die Merkmale des Weins anders wahr. Es gibt Weingenießer, die eine ganze Flasche mit Korkgeschmack trinken können, ohne davon etwas zu bemerken. Und es gibt Weingenießerinnen, die den Kork schon beim Entfernen der Folienkapsel riechen.

Der Grund dafür ist, dass wir alle mit einer unterschiedlichen Anzahl Geschmacksknospen im Gaumen ausgestattet sind. Sensorik kann man jedoch trainieren. Die Ausrede: »Ich rieche und schmecke im Wein nie etwas«, gilt also nicht. Sorry not sorry.

Weisswein-Charakter

Bestimmt durch Frucht, Säure,
Zucker und Alkohol

Rotwein-Charakter

Bestimmt durch Frucht, Säure,
Zucker, Alkohol und Tannine

Komponenten

Nach vielen Weinkursen, die ich nun schon über einige Jahre hinweg live oder über Livestreams halten durfte, haben sich fünf grundlegende Komponenten herauskristallisiert, die für alle Teilnehmenden sensorisch und subjektiv mehr oder wenig gut erkennbar sind.

Alkohol

Alkohol löst im Gaumen ein Gefühl von Wärme aus.
Oft nimmt man Alkohol schon beim Riechen als stechende Hitze wahr. Ein Kursteilnehmer beschrieb es als »Stich in die Nase«, eine andere Kursteilnehmerin meinte, sie beginne nur schon beim Riechen zu schwitzen.
Alkohol kann jedoch auch als süß empfunden werden, da er als Geschmacksverstärker wirkt und dadurch die Wahrnehmung der Süße verstärkt.

Tannine

Grobe Tannine (Gerbstoffe), die hauptsächlich in Rotweinen vorkommen, hinterlassen ein pelziges Gefühl, ein Gefühl der Trockenheit im Mund. Sie stammen von den Traubenstielen, den Kernen und der Schale.
Je mehr Farbe man aus der Schale extrahiert, desto mehr Tannine werden mit herausgelöst. Diese machen den Wein kantiger und kräftiger. Sie werden milder, je länger der Wein im Fass reift.
Meine Kursteilnehmerinnen beschreiben ihre Wahrnehmung von Tanninen folgendermaßen: hölzern, erdig, rau, pelzig, ruft nach Luft.

Säure

Säure regt den Speichelfluss an. Wenn Sie also zu sabbern beginnen, ist es Zeit, auf einen säureärmeren Wein zu wechseln. Die Säure befindet sich im Fruchtfleisch der Traube. Säure ist eine wichtige Geschmackskomponente des Weins; fehlt sie, wirkt er flach und plump.

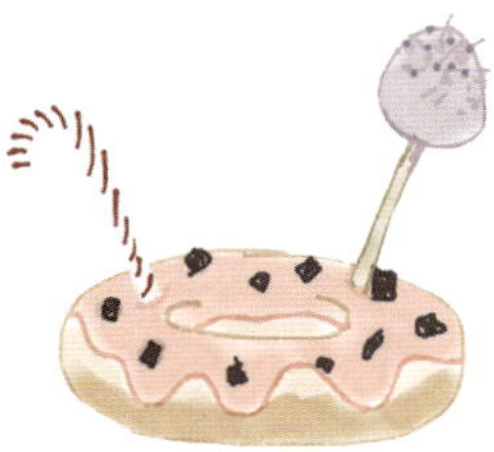

Zucker

Den Zuckergehalt (Restzucker) im Wein nimmt man wahr wie den Honig im Tee. Der Wein wirkt dadurch ein wenig voller und schwerer. Wie die Säure stammt der Zucker aus dem Fruchtfleisch der Traube.
Meine Kursteilnehmer haben bezüglich der Zuckerkomponente im Wein eine ganz klare Meinung: süffig, sanft, geht runter wie Sirup, brennt nicht im Hals, ohne Ecken und Kanten.

Aroma

Die fünfte Komponente ist genauso wichtig wie die vier vorangehenden, jedoch viel schwieriger im Wein zu erkennen. Die Aroma- oder Geschmacksstoffe stammen aus der Traubenschale und dem Fruchtfleisch.

Zuerst bedarf es jedoch einer wichtigen Unterscheidung, denn viele Weingenießende verwechseln Frucht und Zucker. Zur genaueren Differenzierung kommt hier das Aromakreuz ins Spiel, das einige vielleicht schon aus meinem ersten Buch kennen.

- Die vertikale Achse ist das Zuckerbarometer von lieblich (süß) bis trocken (nicht süß).
- Die horizontale Achse umspannt die Fruchtskala von mineralisch (Weißwein) beziehungsweise erdig (Rotwein) bis fruchtig.

Bei der alkoholischen Gärung wird Zucker in Alkohol umgewandelt. Weine mit wenig Zucker enthalten daher immer mehr Alkohol als Weine mit einem höheren Gehalt an Restzucker. Alkohol hat die Eigenschaft, seiner Umgebung Wasser zu entziehen. Wo kein Wasser mehr ist, da ist Trockenheit. Und so ergibt der Begriff »trocken« für wenig Zucker und mehr Alkohol plötzlich Sinn.

Fruchtige Weine sind Weine, die zum Beispiel nach grünem Apfel (bei Weißweinen) oder roter Kirsche (bei Rotweinen) riechen. Mineralische Weine sind Weißweine, die einen Hauch salzig schmecken und eher weniger fruchtig sind. Erdige Weine sind Rotweine, die im Geschmack an Champignon, Leder oder Tabak denken lassen.

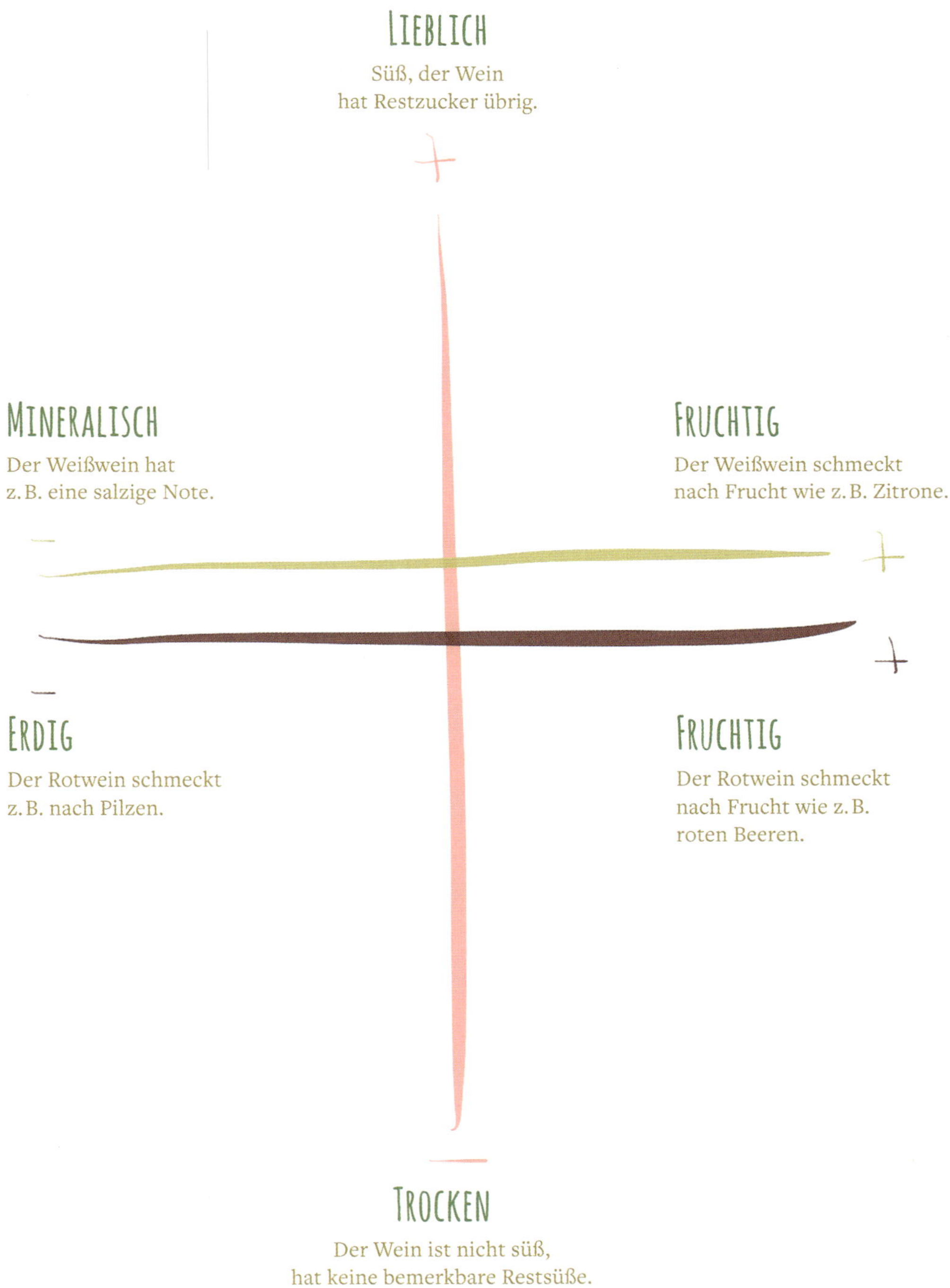
LIEBLICH
Süß, der Wein
hat Restzucker übrig.
+
MINERALISCH
Der Weißwein hat
z. B. eine salzige Note.
FRUCHTIG
Der Weißwein schmeckt
nach Frucht wie z. B. Zitrone.
–
+
+
–
ERDIG
Der Rotwein schmeckt
z. B. nach Pilzen.
FRUCHTIG
Der Rotwein schmeckt
nach Frucht wie z. B.
roten Beeren.
–
TROCKEN
Der Wein ist nicht süß,
hat keine bemerkbare Restsüße.

Weincharakter

Merken Sie sich den Weincharakter, nicht die Aromen.

Es gibt übrigens weinaffine Zeitgenossen, die beim Verkosten eines Weines immer und ausnahmslos das Gestein nennen müssen, das sie gerade im Weinglas zu erkennen meinen. Für mich absolut überflüssig. Wenn einer sagt: »Sehr mineralisch. Ist da nicht ein Hauch Grauschiefer?«, sage ich nur: »Wann haben Sie denn das letzte Mal genüsslich an Grauschiefer geschleckt?« Ob man das Gestein im Wein erkennen kann oder nicht, wird eine ewige Streitfrage bleiben.

Doch Vorsicht! Ein Wein ist nie hundertprozentig mineralisch oder hundertprozentig fruchtig. Wir bewegen uns immer in einem Aromenspektrum. Auch ein sehr fruchtiger Wein wie ein Sauvignon Blanc kann leicht salzig schmecken. Der Wein tendiert einfach oft in eine bestimmte Richtung.

Sie sehen: Es geht darum, den Charakter des Weines zu erkennen und nicht die Aromen. Fokussieren Sie sich auf die oben genannten Komponenten, statt sich zu fragen, ob Sie im Chianti Aromen von gerösteten Himbeersamen oder getrockneten Tomatenblättern herausschmecken. Wem bringt das was?

Mineralischer Charakter

Ob Grauschiefer oder blaurosa Schiefer, ist Jacke wie Hose.

Gegebenheiten, die den Weincharakter beeinflussen

Nun kommt die Preisfrage: Welche Weine weisen welche Komponenten auf? Und wie finde ich die heraus?

Der Wein erhält seinen Charakter – bestehend aus den auf den vorangehenden Seiten genannten Komponenten – durch drei Gegebenheiten: Terroir, Weinausbau, Flaschenreife.

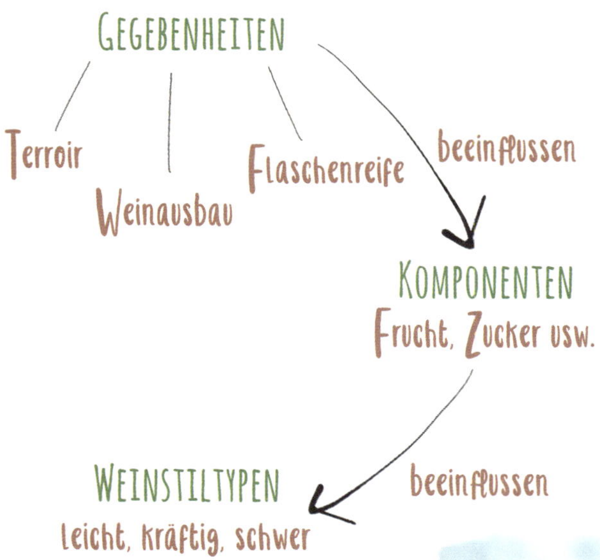

Terroir

Für einen guten Wein braucht es: Wärme, Licht, Niederschlag, Wind, gute Bodenzusammensetzung und größtmögliche Sicherheit vor Hagel und Frost. Die Rebe muss zumindest knapp überleben können.

Orte, die all diese Eigenschaften erfüllen, findet man natürlich nicht an jeder Ecke. Deshalb ist der Rebbau in der Antarktis auch eher mühsam. Gutes Terroir ist rar, und daher sind nicht alle Weine gleich komplex und interessant.

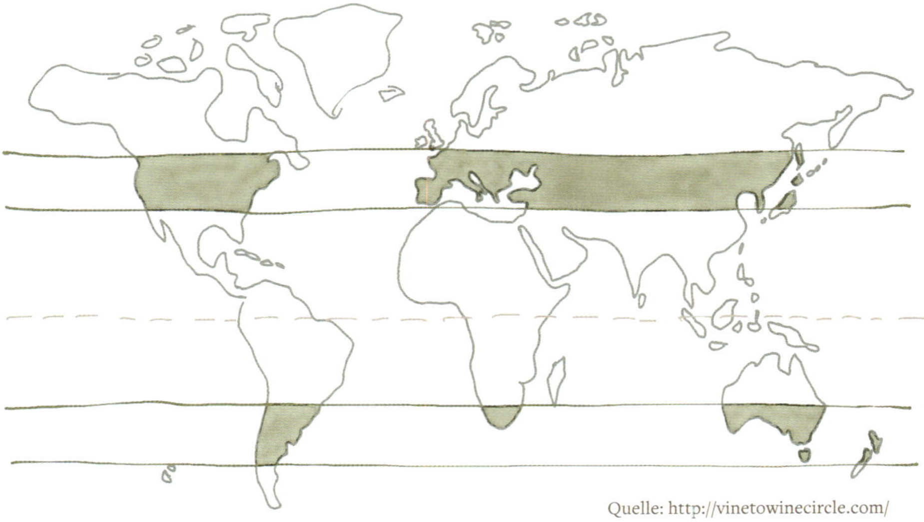

Quelle: http://vinetowinecircle.com/

Weinregionen

Weinanbau ist heute auf der nördlichen Halbkugel zwischen dem vierzigsten und fünfzigsten Breitengrad und auf der südlichen Halbkugel zwischen dem dreißigsten und vierzigsten Breitengrad möglich (grüne Fläche).

Zusammenhang zwischen Terroir und Geschmackskomponenten

Ganz allgemein kann man sagen, dass ein heißes Klima einen Wein mit erhöhtem Alkoholgehalt, vollerem Körper und weniger Säure ergibt und ein kühleres Klima für einen säurebetonteren Wein mit weniger Alkohol und leichterem Körper sorgt.

Die oben stehende Grafik zeigt, wo Weinbau überhaupt möglich ist. Er konzentriert sich auf die klimatisch gemäßigten Zonen des Globus: auf der nördlichen Halbkugel zwischen dem vierzigsten und fünfzigsten Breitengrad, auf der südlichen Halbkugel zwischen dem dreißigsten und vierzigsten Breitengrad.

Wegen der Klimaveränderung suchen Wissenschaftler und Forscher nach möglichen Weinanbaugebieten weiter entfernt vom Äquator. In Betracht kommen bereits Gebiete wie Patagonien oder Schweden. Vor allem für Weißweine werden gezielt Regionen gesucht, die im Einflussbereich eines kühlen Meeresklimas liegen.

Komponenten Zucker und Säure

In Gebieten mit kühlerem Klima werden Trauben – und damit Weine – mit einem natürlicherweise höheren Säuregehalt produziert. Die Kälte verhindert, dass die Trauben während des Reifungsprozesses ihren Säuregehalt verlieren.

Da der Säuregehalt der Trauben mit zunehmender Reife abnimmt, werden in wärmeren Klimazonen häufig Weine mit geringerem Säuregehalt erzeugt. Hohe Temperaturen führen zu einer schnellen Reifung der Trauben, wodurch die natürlich vorkommenden Säuren reduziert und die Süße der Trauben und der daraus resultierende Alkoholgehalt erhöht werden.
Je wärmer die Region, desto mehr Zucker und damit Alkohol weist der Wein auf, weil bei der Fermentation (alkoholische Gärung) die Höhe des Alkoholvolumens von der Fruchtzuckermenge abhängt.
Daher ist es von Vorteil, wenn in kühlen Regionen die Rebberge an Hängen liegen, um so für eine bessere Sonnenexposition zur optimalen Reifung (Fruchtzucker) zu sorgen, oder wenn sie an Gewässer angrenzen, die Licht widerspiegeln und Wärme speichern.

Im Umkehrschluss sind in warmen Regionen Rebberge in erhöhten Lagen bevorzugt, da dort immerhin die Nächte kühl sind, sodass die Säure in den Trauben erhalten bleibt.

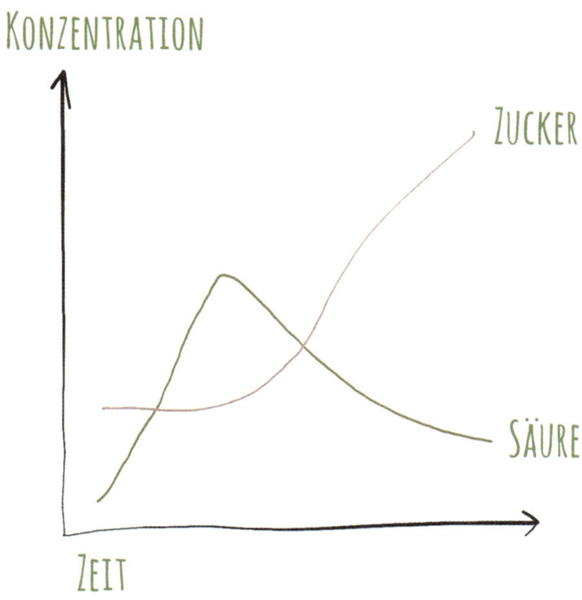

Kühle und warme Weinregionen: Beispiele (Auswahl)

Land	Kühles Klima	Warmes Klima
Schweiz	Graubünden	Wallis
Italien	Veltlin Piemont Südtirol	Toskana Basilicata Apulien
Spanien	Somontano Galizien (Rias Baixas)	Rioja La Mancha Priorat Navarra
Frankreich	Elsass Burgund Bordeaux Chablis Loiretal (Sancerre) Champagne	Languedoc-Roussillon Rhonetal Provence
Deutschland	Mosel	Pfalz
Australien	Tasmanien Adelaide Hills	South Australia New South Wales
Neuseeland	Marlborough Central Otago	Gisborne
USA	Sonoma Valley	Napa Valley
Südamerika	Chile	Argentinien

Kühles Klima

Warmes Klima

In Regionen mit kühlem Klima kann es im Sommer fast genauso heiß werden wie in warmen Klimazonen. Allerdings fallen in den kühleren Regionen die Temperaturen im Herbst zur Ernte hin so schnell ab, dass dies dem Wein ein anderes Geschmacksprofil verleiht.

Kurz gesagt, könnte man die Auswirkung des Klimas auf den Weincharakter folgendermaßen zusammenfassen:

Kühles Klima	Warmes Klima
Eher zarte Weine	Eher kräftige Weine
Herbere Weine	Reifere Weine

Traubensorten und ihr Lieblingsklima: Beispiele (Auswahl)

Traubensorten, die kühles Klima lieben	Traubensorten, die warmes Klima lieben
Weißweine	
Riesling	Viognier
Chasselas/Gutedel	Garnacha Blanca
Sauvignon Blanc	Vermentino
Grauburgunder/Pinot Gris/Pinot Grigio	Verdejo
Müller-Thurgau	Roussane
Gewürztraminer	Marsanne
Pinot Blanc	
Albariño	
Grüner Veltliner	
Rotweine	
Pinot Noir/Spätburgunder	Primitivo
Zweigelt	Syrah
Gamay	Grenache
Cabernet Franc	Tempranillo
Barbera	Sangiovese
Blaufränkisch	Aglianico Touriga Nacional Nero d'Avola

Viele Rebsorten – insbesondere Chardonnay, Chenin Blanc, Nebbiolo, Cabernet Sauvignon, Merlot und Malbec – ergeben je nach Anbaugebiet und klimatischen Bedingungen sehr unterschiedliche Weine. Aussagen wie: »Chardonnay mag ich einfach nicht« oder: » Ich würde nie und nimmer einen Merlot wählen« zeigen daher vor allem eines: Unwissen. Diese Traubensorten sind so terroirspezifisch, dass sie sich im Wein immer wieder anders präsentieren.

Neben der groben klimatischen Zuordnung gibt es in der Weinwelt Hunderte von Beispielen von Mikroklimata, die innerhalb größerer Klimatypen wiederum eigene, andere klimatische Bedingungen aufweisen. Schwören Sie daher nie, über das Terroir Bescheid zu wissen, außer Sie waren selbst vor Ort.

Komponente Tannine

Trauben, die in wärmeren Klimazonen angebaut werden, haben in der Regel eine dickere Schale, die mehr Tannin enthält. Daher ist es beim Weinbau in heißen Regionen wichtig, dafür zu sorgen, dass die Trauben nicht zu viel Sonne abbekommen; dies geschieht zum Beispiel, indem genügend schattenspendendes Laub am Rebstock belassen wird. So lässt sich verhindern, dass daraus ein zu kräftiger, pelziger und harter Wein entsteht.

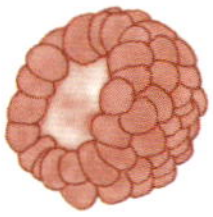

Komponente Frucht

Geschmacksstoffe beziehungsweise Fruchtaromen entwickeln sich in der Schale und im Fruchtfleisch der Traube. Allgemein kann man davon ausgehen, dass der Fruchtgeschmack der Trauben in warmen Regionen voller und intensiver ausreift als in kühlen Regionen.

Bei Fruchtaromen in Rotweinen lassen sich in der Regel zwei Hauptkategorien unterscheiden: rote Früchte wie z. B. Kirsche oder Beerenfrüchte wie Erdbeere oder Heidelbeere (kühlere Regionen) und getrocknete, fast kompottartige Früchte wie Pflaumenkompott oder Feigenkonfitüre (wärmere Regionen). Pinot Noir zum Beispiel hat meistens Aromen von roten Früchten, die von herben Preiselbeeren bis zu süßen Kirschen oder Himbeeren reichen können. Weine, die mehr zu »schwarzen Früchten« tendieren, sind in der Regel vollmundiger; dazu zählen etwa Cabernet Sauvignon und Syrah. Natürlich gibt es auch Ausnahmen von dieser Regel, sie ist aber grundsätzlich ziemlich zuverlässig.

Da die Aromastoffe der jeweiligen Rebsorte am meisten zum Gesamtaroma des Weins beitragen, ist es die wichtigste Aufgabe des Winzers, der Winzerin, die Bildung dieser Moleküle bereits im Weinberg durch verschiedene Maßnahmen zu fördern. Je nach grundsätzlicher Ausrichtung des Betriebs kommen zu diesem Zweck neben zum Teil künstlichen Hilfsmitteln auch naturschonende Anwendungen zum Einsatz: Biostimulanzien (also Mikroorganismen oder pflanzliche und tierische Präparate, die zur Bodengesundheit und zu Widerstandskraft und Entwicklung der Rebe beitragen), Bewässerung, Entblätterung, Erziehungssysteme, Blattdüngung und Traubenausdünnung. Sie alle können sich positiv auf die Traubenkonzentration und damit den Geschmack auswirken.

Weinausbau

Wein ist chemisch gesehen ein kompliziertes Geschöpf, dessen Natur die Wissenschaft gerade erst in allen Details zu verstehen beginnt. Man schätzt, dass Wein etwa vierhundert flüchtige Verbindungen enthält (Jamie Goode, The Science of Wine, University of California Press 2014, S. 992f.). Diese flüchtigen Verbindungen sind für das Bouquet, also die Gesamtheit der Aromen im Wein, verantwortlich. Viele dieser Aromamoleküle entwickeln sich während der Fermentation, das heißt während der Vergärung des Traubenmostes zu Wein.

Zu der gewaltigen Zahl an Aromamolekülen kommt hinzu, dass jeder Mensch diese anders wahrnimmt. Deswegen gilt auch hier: Über Geschmack lässt sich nicht streiten, und erst recht lohnt es sich nicht, sich darüber die Köpfe einzuschlagen.

Zusammenhang Weinausbau und geschmacksbildende Komponenten

Im Weinberg und im Keller stehen den Önologinnen und Önologen verschiedene Mittel zur Verfügung, um den Charakter des Weins zu begleiten, zu unterstützen oder gar herauszuarbeiten und zu formen. Einige versuchen jedoch auch, so wenig wie möglich in die Entstehungsprozesse des Weins einzugreifen, damit sich die Gegebenheiten des Terroirs ungestört entfalten können.

Auf dem Rückenetikett der Weinflasche können Sie unter anderem auf folgende Begriffe (siehe Seite 34–37) stoßen, die sich alle auf die Weinherstellungsmethode beziehen. Diese Stichwörter können Ihnen viel über den Weincharakter verraten.

Fermentation

Aus dem Zusammenwirken von Weinhefe und Trauben entstehen die Aromamoleküle.

Mögliche Hinweise auf Rückenetikett	Vorgang	Geschmacksbildende Komponente
Frisch, säurebetont	Bei einer frühen Lese liegt der Fokus auf dem Erhalt einer frischen Säure.	Zuckergehalt ist tiefer, Säuregehalt höher.
Reif, vollreif, üppig, konzentriert, extraktreich	Eine späte Lese, also bei Vollreife der Trauben, verspricht höheren Alkoholgehalt, mehr aromatische Verbindungen und mehr Extraktstoffe.	Zuckergehalt ist höher, Säuregehalt tiefer. Konfitüreartige Fruchtaromen.
Handlese, Prädikatswein	Eine sorgfältige manuelle Ernte trennt reife von unreifen Trauben. Die Lese geschieht in mehreren Durchgängen, da nicht alle Trauben zum gleichen Zeitpunkt reif sind.	Qualitativ hochstehende, gesunde Frucht
Schonende (delikate) Pressung, feine Tannine, seidig, samtig	Durch sorgfältiges Stampfen oder pneumatisches Pressen werden nur die Schalen und nicht die (bitteren) Kerne der Traube gepresst.	Feine Tannine, keine Bitterstoffe
Lange Hefelagerung, Hefelager, Sur Lie, Feinhefe	Feinhefe (Hefereste) im frisch vergorenen Wein. Kommt vor allem in Schaum- und Weißweinen vor.	Säure wirkt cremiger, geschmeidiger (Toastaroma, buttermilchähnliches Aroma, Holunderblüte, nussige Aromen).
Kohlensäuremaischung/ -mazeration, Macération carbonique	Gärenlassen der intakten Trauben im Tank unter Luftausschluss und zugesetztem CO_2. Die Beeren beginnen von innen zu gären, platzen schließlich auf und geben ihren Saft auf natürliche Weise ab. Wird vor allem bei jung zu trinkenden Weinen aus Gamay gemacht (Beaujolais).	Knackige Frucht, frische Säure, leichte Tannine

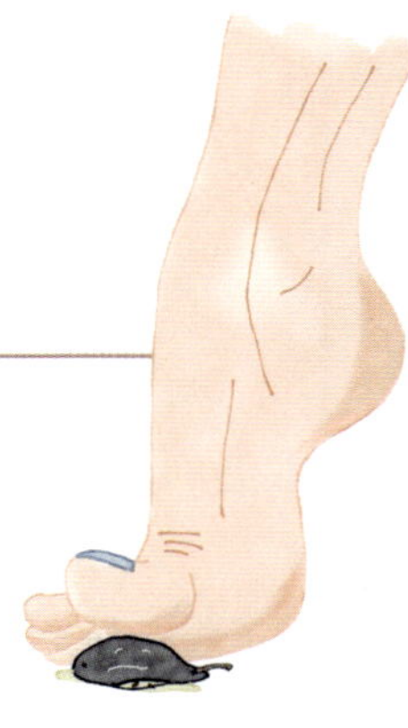

Apropos Kohlensäuremaischung:
Sie ist die Popmusik unter den Weingärmethoden: leicht, fruchtig, gefällig, nett. Wie ein Popsong eben, der einfach gute Laune macht, sich gut anfühlt.

Um den Vorgang nochmals genauer zu beschreiben: Bei der kohlensäurehaltigen Mazeration (Maischestandzeit) werden die ganzen Trauben, inklusive Stiele und Stängel, in Edelstahltanks versiegelt und die Tanks mit Kohlendioxid gefüllt, wodurch eine Atmosphäre ohne Sauerstoff entsteht. Nun beginnt in den einzelnen Traubenbeeren die Gärung, bei der Zucker in Alkohol umgewandelt wird, bis die Trauben schließlich von selbst aufplatzen. Eine normale Hefegärung beendet die Fermentation. Das Ergebnis ist ein saftiger, fruchtbetonter Wein mit leichter Säure, wenig Tanninen und einer knackigen Textur. Nach diesem Verfahren hergestellte Weine sollten jung getrunken werden.

Gut zu wissen:
Späte Lese ist nicht mit Spätlese zu verwechseln. Bei der Spätlese oder der edelsüßen Auslese erntet man effektiv überreife Trauben, die für Süßweine verwendet werden. Steht jedoch »Spätlese trocken« auf dem Etikett, müssen Sie von einem nicht süßen Wein ausgehen.

Mögliche Hinweise auf Rückenetikett	Vorgang	Geschmacksbildende Komponente
Kalte Mazeration, Kaltstandzeit	Vor der Fermentation lagern die Trauben (weiß oder rot) 5 Stunden bis 10 Tage in einem gekühlten Raum (4 bis 15 Grad), was die Aktivierung der Hefe bzw. die alkoholische Gärung verhindert bzw. verlangsamt.	Farbe und Frucht werden vorsichtig aus der Schale extrahiert, ohne dass dabei bittere Tannine herausgelöst werden.
Ganztraubengärung (selten auf Etikett zu lesen)	Der Wein (Most) wird zusammen mit den Stielen vergoren. Wird vor allem bei Pinot Noir, Grenache und Syrah gemacht.	Tannine werden dichter, spürbarer; die Stängel sorgen für Frische im Wein.
Holzausbau, »Während XX Monaten im Holz/Eichenholz/Barrique ausgebaut«	Nach der Fermentation kommt der Wein in ein Holzfass, in dem er sich in Ruhe entfalten kann. Je nach Fass gelangen Röstaromen in den Wein.	Tannine werden geschmeidiger.
Kräftige Holzausbrennung; Röstaromen, Noten von getoastetem Holz, neues Holz	Lagerung in Holzfässern, die frisch ausgebrannt/geröstet/getoastet sind. Verleiht dem Wein Röstaromen.	Aromen, die zum Wein hinzukommen (z. B. Noten von Vanille, Karamell, Kaffee).
Neutrales Holz, gebrauchtes Holz	Holzfässer, die mindestens 3 Jahre in Gebrauch sind und ihre Röstaromen verloren haben. Für Weine, die keinen Holzeinfluss erhalten sollten.	Frucht wird betont.
Ausbau im Edelstahltank, »Während XX Monaten im Inox-Tank/Edelstahltank ausgebaut«	Nach der Fermentation kommt der Wein in einen Edelstahltank, in dem er sich in Ruhe entfalten kann. Frucht bleibt im Vordergrund, keine weiteren Aromen kommen hinzu.	Frucht wird betont.
Fassgröße (Barrique: 225 Liter, Pièce: 228 Liter, Foudre: 1000–15 000 Liter, Halbstückfass: 600 Liter, Stückfass: 1200 Liter, Doppelstückfass 2400 Liter)	Je kleiner das Fass, desto mehr Wein ist in Kontakt mit dem Sauerstoff.	Tannine werden weicher, geschmeidiger.

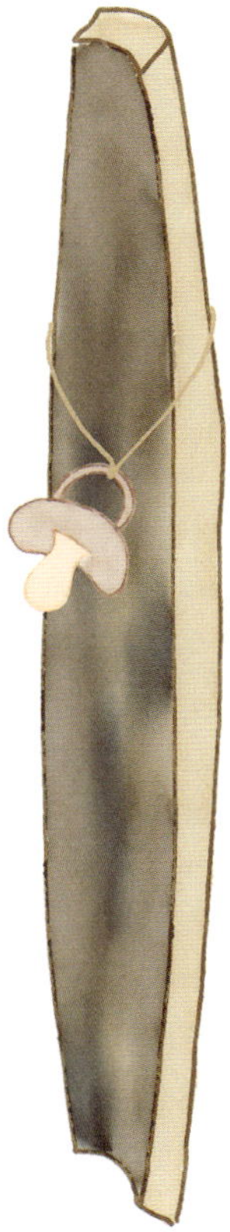

Neues Holz

Kräftige Holzausbrennung

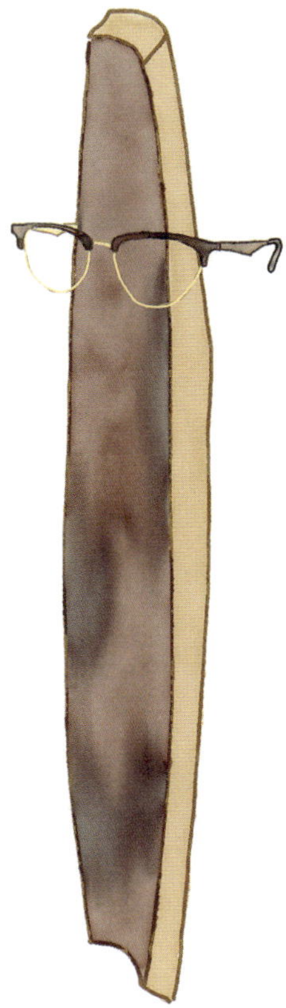

Altes Holz

Neutrales Holz

Flaschenreife

Auch die Reifung in der Flasche hat einen Einfluss auf den Weincharakter. Es gibt Weine, die nach fünf oder auch mehr Jahren Flaschenreife noch besser werden. Diese finden Sie allerdings nicht im Detailhandel oder beim Discounter, sondern im Fachhandel. Die meisten Weine, die heute produziert und gehandelt werden, gewinnen jedoch durch längere Lagerung nicht an Qualität und sind idealerweise innerhalb von etwa fünf Jahren zu genießen. Und das sollte wohl keine unüberwindbare Herausforderung darstellen.

Einige Weine, wie zum Beispiel Rioja Reserva oder Chianti Classico Riserva, werden auf den Weingütern gelagert, um in der Flasche zu reifen, bevor sie auf den Markt gelangen. Diese Weine befinden sich beim Öffnen der Flasche bereits auf dem Weg von den Fruchtaromen (primäre Aromen) zu den Reifearomen (tertiäre Aromen). Solche Weine sind etwas teurer, da der Aufwand der Lagerung Kosten verursacht, die aufgerechnet werden.

Die chemischen Veränderungen im Laufe der Flaschenreifung haben zum Teil mit oxidativen Prozessen, also dem Einfluss von Sauerstoff, zu tun. Bildlich gesprochen könnte man sagen, dass Sauerstoff auf junge Weine den gleichen Effekt hat wie Yoga auf unsere Muskulatur: Es entspannt. So wie verknorzte, unbewegliche Muskeln werden auch verknorzte Weine dank Sauerstoff samtig weich.

0,75-Liter- vs. 1,5-Liter-Flasche und Sauerstoffeinfluss

Zusammenhang Flaschenreife und geschmacksbildende Komponenten

Wenn Sie sich schon länger mit dem Thema Wein befassen, dann wissen Sie, wie komplex gereifte Weine schmecken können. (Im Kapitel auf Seite 80ff. finden Sie heraus, welche Weine ein solches Lagerpotenzial besitzen.) Hier die wichtigsten Auswirkungen der Flaschenreife auf den Geschmack:

Komponente Tannine

Während einer langen sauerstoffarmen (reduktiven) Flaschenreifung integrieren sich die robusten Tannine sanft in den Wein, sodass dieser schließlich samtig wirkt.

Komponente Säure

Auch eine präsente Säure zeigt sich mit der Zeit von ihrer milderen Seite.

Gut zu wissen:
In einer 1,5-Liter-Flasche (Magnumflasche) reift der Wein fast doppelt so langsam wie in einer normalen 0,75-Liter-Flasche. Der Grund: Die Weinmenge in der Magnumflasche ist doppelt so groß, die Menge an Sauerstoff, die sich zwischen Wein und Korken befindet, ist jedoch etwa gleich groß. Die langsamere Reifung durch Mikro-Oxidation sorgt dafür, dass der Wein mehr Aromen und Nuancen beibehält und so die Balance zwischen Frische, Säure und Frucht besser beziehungsweise länger bewahrt. Zusätzlich mildert die Mikro-Oxidation die robusten, rohen Tannine.

Komponente Frucht

Unter geringer Sauerstoffzufuhr entwickeln sich die im Wein vorhandenen Fruchtaromen (primäre Aromen) zu Trockenobstaromen (tertiäre Aromen). Die Fruchtaromen werden komplexer und weisen Noten von reifer Frucht auf.

Weißweine entwickeln vermehrt Noten von Nüssen, Rauch, Pilzen und Honig, Rotweine Aromen von Trüffel, Mokka, vor allem aber animalische Noten von Leder und Moschus. Der Wald lässt grüßen!

In der Regel gehen diese tertiären Aromen auf Kosten von primären Aromen. Das bedeutet nicht, dass der Wein weniger ausdrucksstark wird, es ist eher eine Weiterentwicklung seines Charakters.

Gut zu wissen:

Die drei Faktoren Terroir, Weinausbau und Flaschenreife sind sowohl für den Weincharakter (Säure, Alkohol, Zucker usw.) wie auch für individuelle Aromen zuständig.

- Terroir: Primäre Aromen der Rebsorten, wie z. B. Frucht-, Blumenaromen
- Weinausbau: Sekundäre Aromen von der Fasslagerung, dem Hefeeinfluss, wie z. B. Butternoten
- Flaschenreife: Tertiäre Aromen durch die minimale Sauerstoffzufuhr, wie z. B. Leder, Moschus

Aroma der individuellen Traubensorte

Aromen von Anbau und Ausbau

Aromen von der Lagerung bzw. Reifung in der Flasche

Die acht Weinstiltypen

Anhand der fünf Komponenten Alkohol, Tannine, Säure, Zucker und Frucht lassen sich ganz grob folgende Weinstiltypen umreißen:

Weisswein

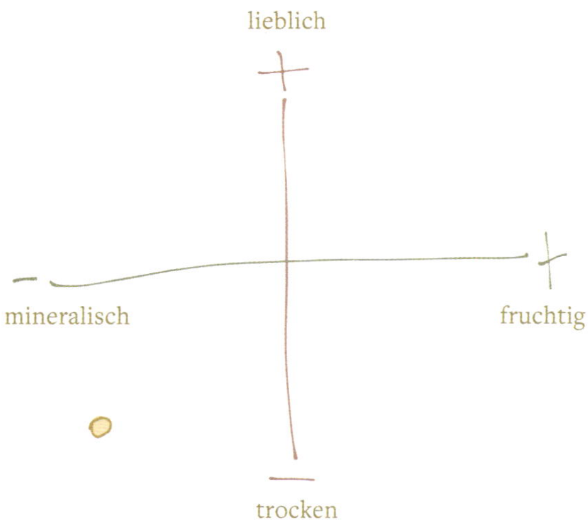

1. Mild und ausgewogen
Trockene, säurearme, eher mineralische Weißweine:
Chardonnay, Chasselas/Gutedel, Heida, Pinot Bianco, Grenache Blanc, Roero Arneis, Chablis (Chardonnay), Marsanne

2. Leicht und erfrischend
Trockene, säurebetontere, eher fruchtige Weißweine:
Sauvignon Blanc, Pinot Grigio, Verdejo, Prosecco (v. a. Traubensorte Glera), Vermentino, Sancerre (Sauvignon Blanc), Pét-Nat (Pétillant Naturel), Roussanne

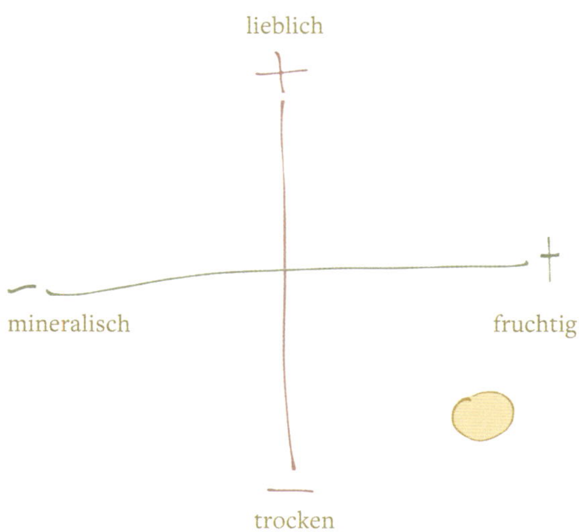

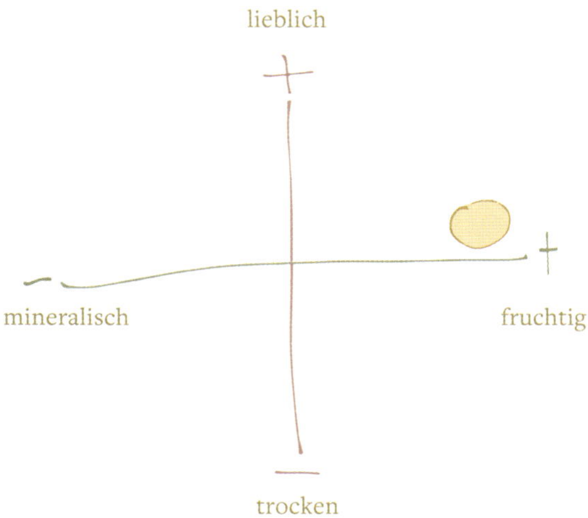

3. Expressiv und aromatisch

Trockene, manchmal auch leicht liebliche, säurebetontere Weißweine mit viel Fruchtaromatik:
Grüner Veltliner, Gewürztraminer, Riesling, Gelber Muskateller, Chenin Blanc, Viognier, Orange Wine

4. Süßlich und üppig

Süße Weißweine mit eher tieferem Alkoholgehalt:
Moscato d'Asti, Beerenauslese, Trockenbeerenauslese, Sauternes, Eiswein, Passito

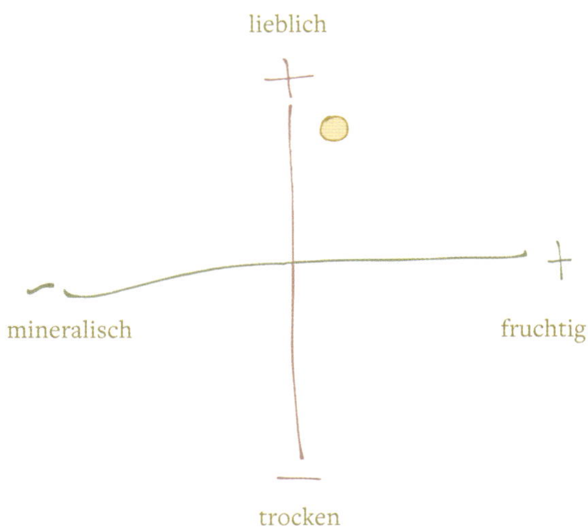

Rotwein

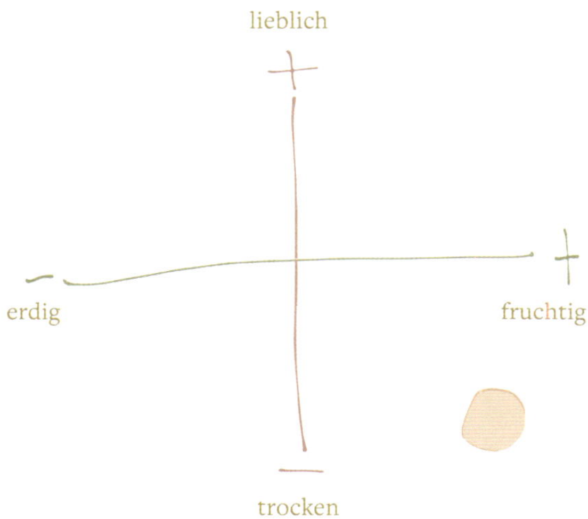

1. Leicht und filigran

Frische, fruchtige, säurebetontere Rotweine mit eher tieferem Alkoholgehalt und weichen Tanninen: Pinot Noir, Gamay, Rosé, viele Naturweine, Cinsault

2. Ausgewogen und geschmeidig

Schmeichelnde, säurearme, fruchtige Rotweine mit sehr weichen Tanninen: Ripasso, Merlot, Zweigelt, Primitivo, Malbec, Blaufränkisch, Barbera d'Alba

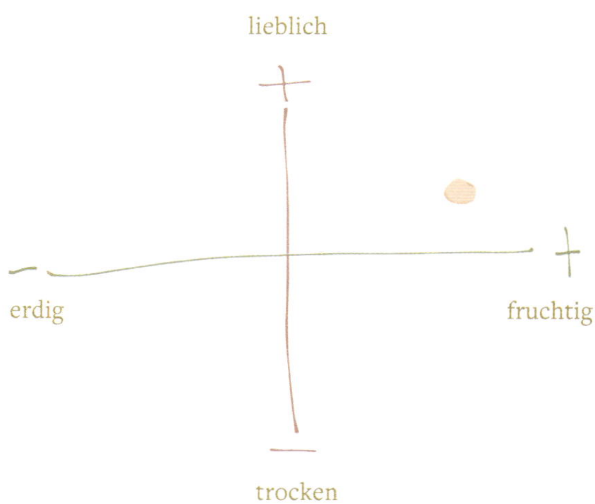

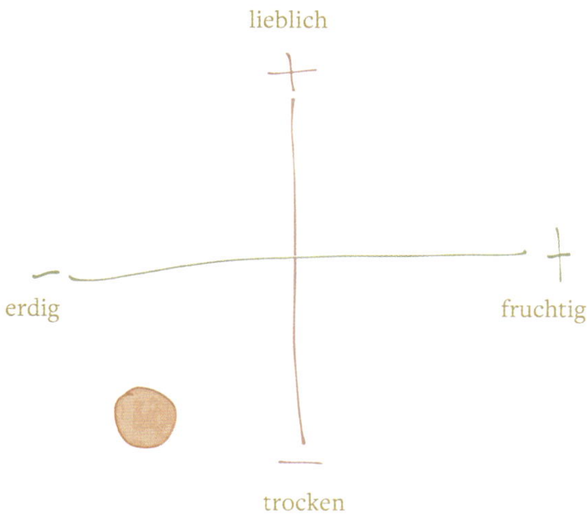

3. Kräftig und würzig

Wuchtige, säurebetontere, erdige Rotweine mit präsenten Tanninen:
Nebbiolo, Rioja, Sangiovese, Montepulciano, Touriga Nacional, Pinotage, Barolo (Nebbiolo), Cabernet Sauvignon, Cabernet Franc, Grenache, Carignan, Syrah

4. Schwer und gehaltvoll

Konzentrierte (dichte), eher säurearme, eher erdige Rotweine mit höherem Alkoholgehalt und robusten Tanninen:
Amarone, Sfursat (Nebbiolo), Supertoskaner, Petit Verdot, Cannonau, Mourvèdre

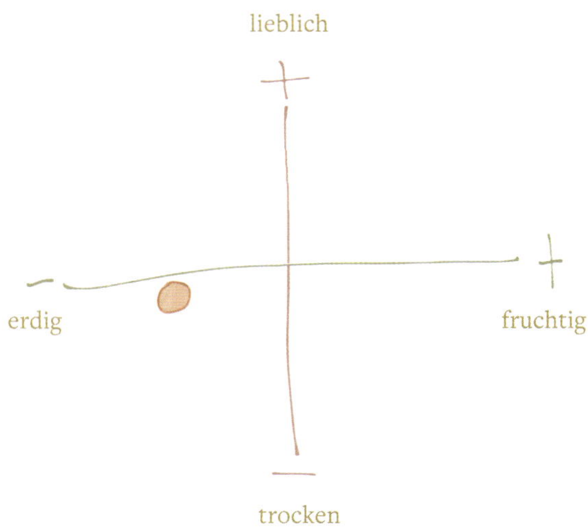

An dieser Stelle ist zu betonen, dass diese acht Weinstiltypen genau das sind, was der Name besagt: Sie sind vereinfachende Typisierungen. Jeder Wein auf dieser Welt bringt seine eigenen Nuancen mit. Darin lassen sich jedoch typische Weinmerkmale erkennen und entsprechend zuordnen. Die acht Weinstiltypen bilden diese Typizitäten ab. Diese Methode hilft, Weine beim Verkosten einfacher einzuordnen und wieder abrufen zu können. Und bestenfalls auch, so den eigenen Lieblingsweintyp zu finden.

Bei meinen Weinseminaren kommt es immer wieder vor, dass jemand fragt: »Gibt es denn keine trockenen, säurearmen, fruchtigen Weißweine?« Oder: »Das heißt, es gibt keine fruchtigen Rotweine mit höherem Alkoholvolumen?« Am liebsten würde ich dann antworten: »Doch, es gibt allerlei Kombinationen. Unzählige. Unendlich viele. ABER GENAU DAS IST JA DAS PROBLEM! Diese Methode fasst vieles bewusst zusammen, mit dem Ziel, das Ganze einfacher handhabbar zu machen.« Mittlerweile weiß ich mich zu beherrschen und sage mir: Wer zusammenfassen kann, muss auch einstecken können.

Die Moral von der Geschichte: Versteifen Sie sich nicht allzu sehr auf die acht Typen, aber behalten Sie sie im Hinterkopf. Sie werden sehen, es funktioniert!

MEIN
WEIN

WEIN IM LADEN WÄHLEN

Manchmal sind wir viel zu sehr darauf fixiert, den ideal passenden Wein für eine bestimmte Gelegenheit oder zu einem bestimmten Gericht zu finden. Meist sind jedoch ganz andere Dinge entscheidend dafür, dass aus einem flüchtigen Moment eine bleibende Erinnerung wird: eine spannende Diskussion, neue Bekanntschaften, Emotionen, innige Gespräche, alte Freunde, perfektes Wetter … Eine schöne Weinbegleitung rundet sie einfach noch ab. Der Wein spielt zwar eine Rolle, eine nicht unwichtige Rolle, aber nicht die Hauptrolle.

Damit will ich sagen, dass man der Frage des »Passt zu« keinen allzu großen Wert beimessen sollte, sondern vielmehr dem anstehenden Anlass Beachtung schenken darf.

ANLASS FÜR DIE WEINWAHL

Sie stehen vor dem Weinregal und wollen einen Wein für eine bestimmte Gelegenheit finden. In der Mehrzahl der Fälle wählt man einen Wein aus, den man schon kennt. Spulen Sie mal in Gedanken zehn Jahre vor – und Sie trinken immer noch den gleichen Wein? Hier wollen wir anknüpfen. Sie sind mittlerweile in Ihrer Wein-Lebenslaufbahn so weit, dass Sie neue Weine entdecken, neue Weine genießen wollen. Glückwunsch, diesen Punkt erreichen viele Menschen erst gar nicht.

Nun gehen Sie folgendermaßen vor: Entweder wählen Sie einen Wein anhand des Ereignisses, oder Sie gehen vom Menü, von den Speisen aus, zu denen er passen soll.

Nach Ereignis

Schwierige Artgenossen

An Ihrem Tisch sitzen nicht Gäste, sondern: zwei Allergien, eine Intoleranz, drei hohe Ansprüche und eine ungeduldige Erwartung. Seine Gäste kann man sich nicht immer aussuchen. Man hat sie sich angeheiratet, ist mit ihnen verwandt oder irgendwie zwangsbefreundet. Nehmen Sie allen mal schön den Wind aus den Segeln, und halten Sie Ausschau nach: bio, biodynamisch, vegan. Am besten von einem regionalen Kleinproduzenten, der in Ihrem Chor mitsingt. Sicher ist sicher.

Jubiläum

Das Gewöhnlichste, was Sie zu einem solchen Anlass tun könnten, wäre, einen Schaumwein zu kredenzen. Aber weil Sie immer für Überraschungen gut sind, servieren Sie zur Feier des Tages einen Wein mit einem Etikett, das Sie an etwas Schönes, etwas Besonderes erinnert. So können Sie dazu eine Geschichte erzählen oder zum aktuellen Anlass eine Brücke schlagen. Das verleiht eine persönliche Note und wirkt gleich viel weniger steif.

lässig. Wählen Sie einen trockenen Sherry (Sherry Manzanilla). Und für Vegetarier: Mandeln, Oliven, Hartkäse, gebackener Feta oder Kroketten.

Neuanschaffung

Eigentumswohnung? Haustier? Kind? Toaster? Neuanschaffungen schreien förmlich nach Anstoßen. Hier muss ein Schaumwein her. Egal was für einer, Hauptsache Schaum!

(Tinder-)Date

Ganz ehrlich: Hier gilt es, möglichst schnell mit Coolness zu punkten, und dies auf besonders beeindruckende Art und Weise.

- Das Date findet in einer Bar statt?
  Wählen Sie einen Cocktail auf Wermutbasis. Das ist so was von hip. Wermut ist ein mit Kräutern aromatisierter, aufgespriteter Wein mit einem Alkoholvolumen zwischen 14,5 und 21,9 Prozent. Das beruhigt das Nervensystem – nicht wissenschaftlich bewiesen.
- Das Date findet bei Ihnen zuhause oder draußen in der Natur statt?
  Alles, was Sie dazu benötigen, ist Sherry und eine Packung Pata Negra. Absolut cool und

Garten-/Terrassen-/Balkon-Party

Da sollten süffige, einfache, aber trotzdem spaßige Weine her. Weißweine mit Feder-Symbol (siehe Seite 42) wie Sauvignon Blanc, Verdejo, Pinot Grigio (Weißburgunder) oder Rosé kommen hier sehr gut an.

Unterwegs im Zug

Wollen Sie auf den Start in die Ferien oder einen besonderen Ausflug anstoßen? Kaufen Sie auf jeden Fall einen Wein mit Drehverschluss. Wann denken Sie beim Packen schon an einen Flaschenöffner? Dank dem Drehverschluss können Sie die Flasche beim überstürzten Umsteigen schnell verschließen und auch schnell wieder öffnen.

Schluss – Aus – Amen

Egal ob Trennung, Einreichung der Diplomarbeit, Kündigung, ein elend trauriger Abschied oder das Ende der Stillzeit – jetzt ist der Moment, sich etwas zu gönnen. Besuchen Sie den nächstbesten Fachhändler, und kaufen Sie sich einen Bordeaux. Er muss gar nicht horrend teuer sein. Sagen Sie der Weinberaterin, dass Sie sich etwas gönnen, aber nicht gleich pleite gehen wollen. Und dann genießen Sie diesen edlen Tropfen in aller Ruhe. Falls nötig, tanzen Sie sich dazu frei … das geht auch gut alleine.

Schlauchboot, Schwimmreifen oder Luftmatratze

Hier ist nur eines erlaubt: Roséééééééé (natürlich mit Drehverschluss).

Sonntagabend zum »Tatort«

Sofa? Rotwein! Ich empfehle Ihnen dazu einen schönen, geschmeidigen Rotwein, der genug Körper hat, um angebrochen noch ein paar Tage im Kühlschrank überleben zu können: Ripasso, Primitivo, Merlot oder Nero d'Avola.

Fußballturnier oder Geräteturnwettbewerb der Kinder

Hierzu empfehle ich Ihnen, keinen Wein zu trinken. Steigen Sie lieber gleich auf einen Gin Tonic um.

Camping

Zelten oder Campen steht für Feuer, Rauch, Tannenduft und Grillen. Zu diesem naturnahen Setting passen herzhafte, würzige, bodenständige und erdige Rotweine. Wählen Sie Weine mit dem Pfeffermühle-Symbol (siehe Seite 45): Rioja, Garnacha, Cabernet Sauvignon oder Sangiovese.

Stocknüchterne Momente

Wem kam es eigentlich in den Sinn, vergorene Trauben durch Orangensaft zu ersetzen? Gott sei Dank gibt es mittlerweile bessere alkoholfreie Weinalternativen. Die Bierbranche ist in diesem Bereich allerdings schon viel weiter und bringt alkoholfreie Biere auf den Markt, die blind verkostet zum Teil nicht mal als alkoholfrei wahrgenommen werden. Chapeau! Beim Wein tun sich die Produzenten noch etwas schwer. Alkoholfreie Schaumweine gibt es jedoch schon viele gute auf dem Markt. Die Bubbles unterstützen den Geschmack.

Für die alkoholfreie Variante wird dem Wein mittels Vakuum der Alkohol entzogen. Alkohol wirkt im Wein als Geschmacksverstärker und unterstreicht so die Fruchtnoten, außerdem verleiht er dem Wein Körper (Fülle). Wenn er fehlt, kann der Wein eher flach und fad wirken. Es gibt jedoch Produzenten, die gute alkoholfreie Weine keltern, indem sie sehr genau auf Gesundheit und Qualität der Trauben achten, weniger Zucker hinzufügen und mit topmoderner Technologie arbeiten. Schauen Sie sich um – Probieren geht über Studieren.

Ansonsten kann ich all jenen, die vom stillen Wasser genug haben, unvergorenen Traubensaft (z. B. Traubenschorle) oder fermentierte Tees (z. B. Kombucha) empfehlen; sie passen auch zu einem gediegenen Essen.

Nach Gericht

Es ist sehr viel einfacher, einen Wein zu einem selbst gekochten Gericht auszuwählen, als im Restaurant einen Wein wählen zu müssen, der zu sechs verschiedenen Gerichten passen soll. Doch mit ein paar einfachen Regeln wird das Food-Wine-Pairing zum Kinderspiel.

Und Hand aufs Herz: Wann haben Sie das letzte Mal einen Wein zu einem Gericht genossen, der so schrecklich unpassend war, dass es zum Heulen war? Ich jedenfalls habe noch nie das Haus eines Freundes verlassen, weil die Kombination von Wein und Essen nicht stimmte.

Folgende Regeln gelten grundsätzlich (zur einfacheren Auswahl finden Sie die entsprechenden Symbole auf Seite 42ff.):

Fettige, schwere Speisen

Zum Beispiel Lasagne, Nudelauflauf, Eintopf, Schnitzel, Käseüberbackenes, Speck, Burger

- Weine mit höherem Alkoholgehalt wirken in Kombination mit schweren Speisen milder.
- Säurebetontere Weine lassen das Essen leichter wirken, und die Weine selbst wirken dadurch ebenfalls milder.
- Rotweine dieses Typs:  

Scharfe Speisen

Zum Beispiel Curry, Sushi mit Wasabi, Gerichte mit Ingwer oder viel Chili

- Weißweine mit etwas Restzucker gleichen die Schärfe aus.
- Weißweine mit niedrigem Alkoholgehalt, weil Alkohol die Schärfe verstärkt.
- Weißweine dieses Typs:  

Leicht bittere Speisen

Zum Beispiel Spargel, Artischocken, Fenchelsalat, Brokkoli, Spinatquiche, Oliven, gebackene Auberginen

- Dezent liebliche (süßliche) Weine reduzieren Bitternoten.
- Säurebetontere Weine gleichen die Bitterkeit aus.
- Weißweine dieses Typs:

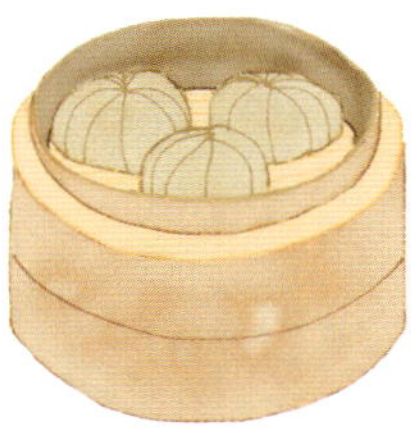

Eher salzige Speisen

Zum Beispiel Fish ’n’ Chips, Pommes, Dim Sum, Gnocchi an Käsesauce

- Säurebetontere Weine gleichen das Salz im Essen wunderbar aus.
- Tanninreiche Weine komplementieren salzige Speisen.
- Rotweine bzw. Weißweine des folgenden Typs:

Folgende Kombinationen sollten Sie wenn möglich vermeiden:

- Alkoholreiche Weine zu scharfen Speisen – außer Sie wollen in Flammen aufgehen.
- Alkoholreiche Weine zu säurebetonten Speisen – Säureattacke auf den Gaumen.
- Alkoholreiche Weine zu eher bitteren Speisen – sie verstärken den Bittergeschmack.
- Süße Weine zu salzigen Speisen – das Ganze wirkt dann nur noch »klebrig«.

Als alkoholreichere Weine gelten:
Rotwein mit Alkoholgehalt über 14,5%
Weißwein mit Alkoholgehalt über 13%

Gut zu wissen:

Heute reißt Ihnen niemand mehr den Kopf ab, wenn Sie zum Käsefondue oder zu Fisch einen Rotwein kombinieren. Ich empfehle Ihnen dann Weine dieses Typs:

Falls es schnell gehen muss, finden Sie hier eine Auswahl beliebter und oft gegessener Gerichte mit den passenden Weinen dazu.

Weissweine

Zu Fisch, Geflügel, Pilzgerichten, Auflauf, Spaghetti Carbonara, Gerichten mit Rahmsaucen passen:

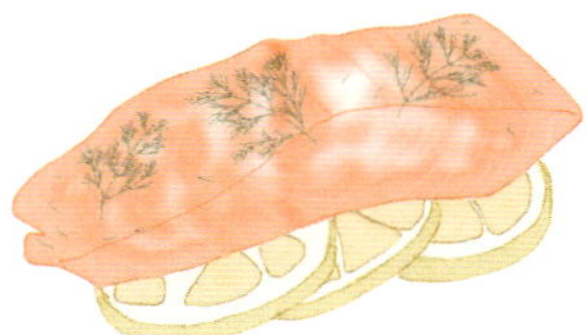

- Milde, ausgewogene Weißweine
- Trockene, säurearme, eher mineralische Weißweine
- Chardonnay, Chasselas/Gutedel, Heida, Pinot Blanc, Viognier, Grenache Blanc, Roussanne, Roero Arneis, Chablis (Chardonnay)

Zu Meeresfrüchten, Spaghetti Vongole, Spaghetti mit Pesto, Ziegenkäse, Flammkuchen, Gemüsequiche, Ofengemüse, Gerichten mit Tomatensauce passen:

- Leichte, frische Weißweine
- Trockene, säurebetonte, eher fruchtige Weißweine
- Sauvignon Blanc, Pinot Grigio, Verdejo, Prosecco (Traubensorte Glera), Vermentino, Sancerre (Sauvignon Blanc), Pét-Nat (Pétillant Naturel)

Zu Currys, koreanischer Küche, marrokanischer Küche, Sushi und Sashimi, deftiger Quiche, Zwiebelkuchen, Tortilla, Poke Bowls passen:

- Expressive, aromatische Weißweine
- Trockene, eventuell auch leicht liebliche, säurebetonte Weißweine mit viel Fruchtaromatik
- Grüner Veltliner, Gewürztraminer, Riesling, Marsanne, Gelber Muskateller, Chenin Blanc, Orange Wine

Zu Roquefort, allgemein Schimmelkäse, Kuchen, Cremes, Brioche passen:

- Süßliche, üppige Weißweine
- Süße Weißweine mit eher tiefem Alkoholgehalt
- Moscato d’Asti, Beerenauslese, Trockenbeerenauslese, Sauternes, Eiswein, Passito

Rotweine

Zu Käse, Fondue, allgemein Käsegerichten (Spätzle, Älplermagronen), Maultaschen, Aufschnitt passen:

- Leichte, filigrane Rotweine
- Frische, fruchtige, säurebetonte Rotweine mit eher tiefem Alkoholgehalt
- Pinot Noir, Gamay, Rosé, viele Naturweine

Zu Steak, Hamburger, Roastbeef, Spaghetti an roter Sauce (Napoli, Bolognese), Pizza, Chicken Wings, Wiener Schnitzel passen:

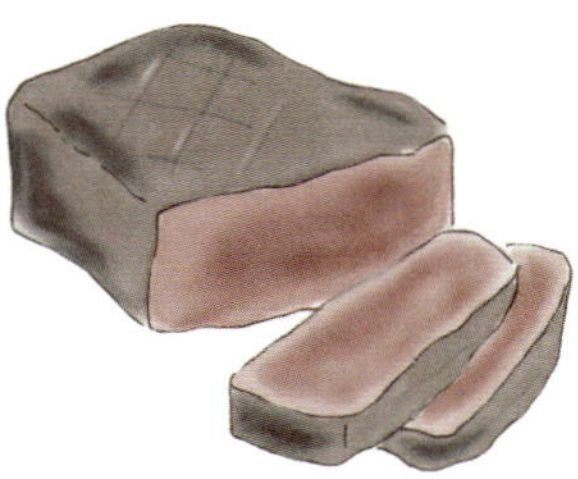

- Ausgewogene, geschmeidige Rotweine
- Schmeichelnde, säurearme, fruchtige Rotweine mit weichen Tanninen
- Ripasso, Merlot, Zweigelt, Primitivo, Malbec, Blaufränkisch, Barbera d’Alba

Zu Schweinefleisch, Grilladen, Polenta, Risotto, Rouladen, Wild, Pilzgerichten passen:

- Kräftige, würzige Rotweine
- Wuchtige, säurebetonte, erdige Rotweine mit präsenten Tanninen
- Nebbiolo, Rioja, Sangiovese, Montepulciano, Touriga Nacional, Barolo (Nebbiolo), Cabernet Sauvignon, Cabernet Franc, Grenache, Syrah

Zu Lasagne, Schmorbraten, Eintopf, Trüffelgerichten passen:

- Schwere, gehaltvolle Rotweine
- Konzentrierte (dichte), säureärmere, eher erdige Rotweine mit höherem Alkoholgehalt
- Amarone, Sfursat (Nebbiolo), Supertoskaner, Petit Verdot, Cannonau, Mourvèdre

ETIKETTEN LESEN

Was die Weinetiketten anbelangt, stellen die Franzosen die größte Herausforderung dar. Nicht nur sind die Namen der Weingüter und der Regionen oft wahre Zungenbrecher, meistens erschlagen uns ihre Etiketten auch noch mit schicken Begriffen wie »Cru«, »Premier«, »Cuvée« oder «Réserve«. Doch was bedeuten diese eigentlich?

Warnung: Dieses Kapitel wird furztrocken. Schenken Sie sich daher besser ein Glas Wein ein, bevor Sie sich dieses önologische Lexikon vornehmen.

Entwarnung: Das meiste Geschnörkel auf den Flaschenetiketten ist völlig überflüssig. Konzentrieren wir uns also auf das Nötigste.

Herkunftsbezeichnung

AOC, DOCG, IGT ... WTF? Bei diesen verflixten Abkürzungen handelt es sich um Herkunftsbezeichnungen, die verschiedene Weinqualitäten bedeuten. Diese Herkunftsbezeichnungen sollen uns helfen, den Wein einzuordnen (Topwein, Durchschnittswein, Plörre). Ein Weingut darf die Bezeichnung nur dann verwenden, wenn es sich an die Gesetze und Vorschriften der jeweiligen Region hält. Diese sind je nach Herkunft beziehungsweise Region und Qualitätsstufe anders.

Um die Qualität der Weine zu garantieren und sie mit der entsprechenden Herkunftsbezeichnung versehen zu dürfen, müssen sich die Produzenten an Vorschriften in folgenden Punkten halten:

- Mindestmostgewicht
- Mindestalkoholgehalt
- Nur zugelassene Traubensorten dürfen gepflanzt werden
- Maximale Pflanzendichte
- Maximalertrag pro Hektar
- Weinanalysen

Vorgaben für Herkunftsbezeichnung am Beispiel Brunello di Montalcino

Wie so manches andere sind auch die Herkunftsbezeichnungen ein zweischneidiges Schwert: Zum einen sollen sie eine bestimmte Qualität garantieren, doch Gesetze und Vorschriften können gleichzeitig auch Freiheit und Kreativität einschränken. Es gibt weltweit Winzerinnen und Winzer, die bewusst »nur« Tafelweine produzieren, weil sie den Aufwand für die amtliche Qualitätsweinprüfung scheuen, keine Ressourcen dafür haben oder diese aus Prinzip ablehnen. Die von ihnen produzierten Weine können trotzdem qualitativ sehr hochwertig sein.

Das Herkunftsprinzip

Im Grundsatz besagt das Herkunftsprinzip in Bezug auf die Qualität der Weine: Je enger die Herkunft, desto höher die Weinqualität. Das heißt: Je kleiner die geografische Einheit ist, aus der die Trauben stammen, desto hochwertiger ist der daraus gekelterte Wein. Als kleine geografische Einheit gilt ein einzelner Rebberg, eine spezielle Lage oder eine bestimmte Parzelle, als große geografische Einheit ein ganzes Land.

Im Wesentlichen sind in Bezug auf die geschützte Herkunftsbezeichnung folgende Kategorien zu unterscheiden:

Weine mit Herkunftsangabe:

- Höchste Qualitätsstufe bei Weinen mit geschützter Ursprungsbezeichnung: g. U., AOP, DOP, DAC
- Mittlere Qualitätsstufe bei Weinen mit geschützter geografischer Angabe: g. g. A., IGP, Landwein

Weine ohne Herkunftsangabe:

- Unterste Qualitätsstufe bei Weinen, die keiner besonderen Qualitätsprüfung unterliegen: Tafelweine

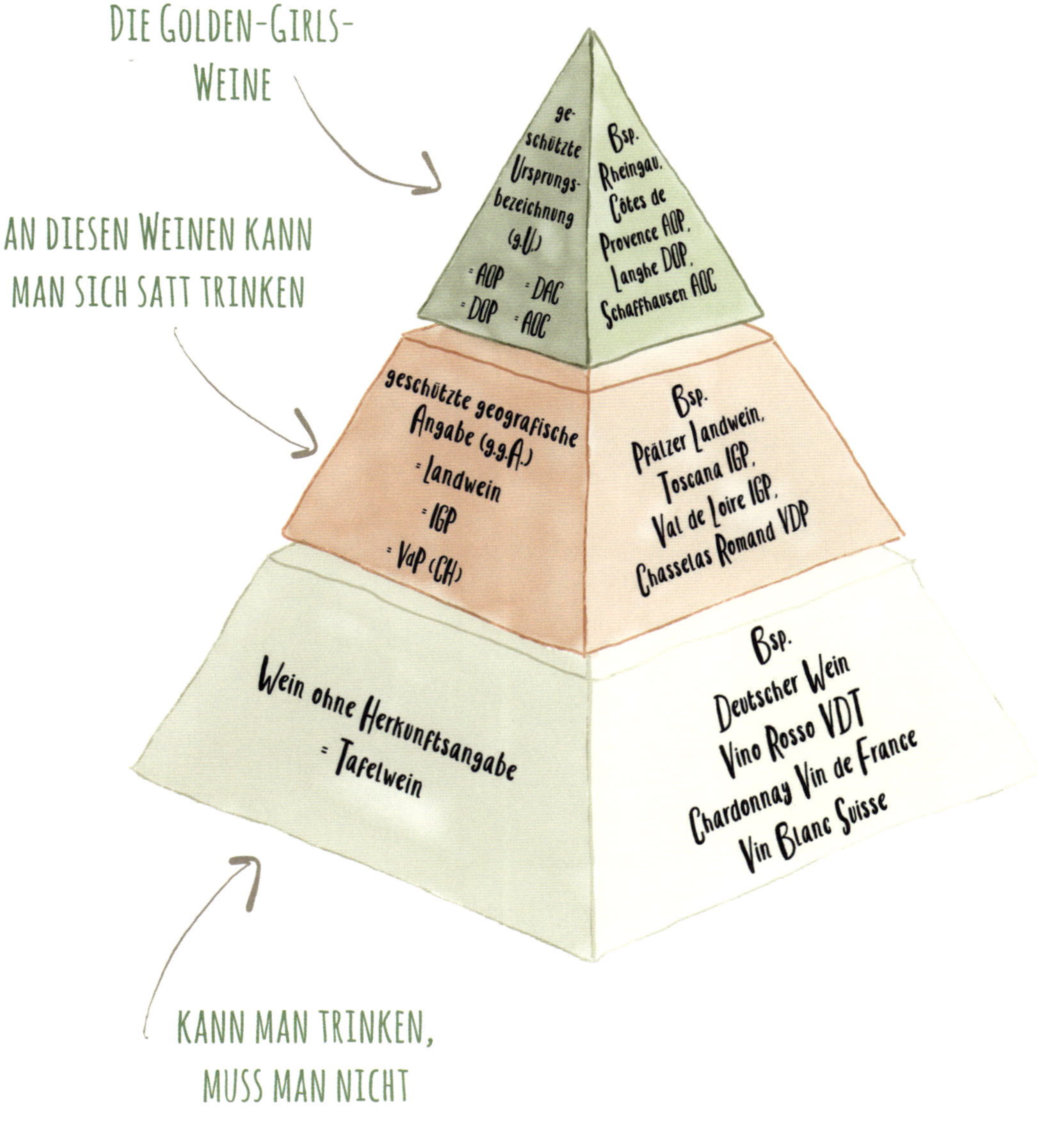

DIE GOLDEN-GIRLS-WEINE
AN DIESEN WEINEN KANN MAN SICH SATT TRINKEN
KANN MAN TRINKEN, MUSS MAN NICHT
geschützte Ursprungsbezeichnung (g.U.)
= AOP = DAC = DOP = AOC
Bsp. Rheingau, Côtes de Provence AOP, Langhe DOP, Schaffhausen AOC
geschützte geografische Angabe (g.g.A.)
= Landwein
= IGP
= VaP (CH)
Bsp. Pfälzer Landwein, Toscana IGP, Val de Loire IGP, Chasselas Romand VDP
Wein ohne Herkunftsangabe
= Tafelwein
Bsp. Deutscher Wein
Vino Rosso VDT
Chardonnay Vin de France
Vin Blanc Suisse

	Abkürzung	Bezeichnung/ Bedeutung	Herkunft Beispiel	Frühere Bezeichnung
Deutschland		Deutscher Wein ohne Herkunftsbezeichnung	Deutschland, Deutscher Wein	Tafelwein
	g. g. A.	Geschützte geografische Angabe: Landwein	Pfälzer Landwein	
	g. U.	Geschützte Ursprungsbezeichnung (inkl. Qualitätsweine mit Prädikat)	Rheingau, Nahe, Württemberg	
Frankreich		Vin de France	France	Vin de Table
	IGP	Indication Géographique Protégée	Val de Loire IGP	Vin de Pays, Landwein
	AOP	Appellation d'Origine Protégée	Côtes de Provence AOP	AOC, AC
Italien	VdT	Vino Generici, Vino da Tavola	Vino Bianco VdT	Vini Comuni e Varietali
	IGP	Indicazione Geografica Protetta	Toscana IGP	IGT
	DOP	Denominazione di Origine Protetta	Langhe DOP	DOC, DOCG
Spanien		Vino tinto	España	Vino de Mesa
	IGP	Indicación Geográfica Protegida	Castilla la Mancha IGP	Vino de la Tierra VDT
	DOP	Denominación di Origine	Langhe DOP	DOC, DOCG
Portugal		Vinho de Mesa	Rosé Vinho de Mesa, Portugal	
	IGP	Indicação Geográfica Protegida	Lisboa IGP	Vinho Regional
	DOP	Denominação de Origem Protegida	Douro DOP	DOC
Schweiz		Tafelwein	Schweiz	
	VdP	Vin de pays, Landwein	Chasselas Romand VdP	
	AOC	Kontrollierte Ursprungsbezeichnung	Schaffhausen AOC	

	Abkürzung	Bezeichnung/ Bedeutung	Herkunft Beispiel	Frühere Bezeichnung
Österreich		Wein ohne nähere Herkunftsbezeichnung	Österreich	Tafelwein
	g. g. A.	Geschützte geografische Angabe	Weinland, Steirerland, Bergland	Landwein
	g. U., DAC	Geschützte Ursprungsbezeichnung, Districtus Austriae Controllatus	Neusiedlersee DAC	

Abschließend sei festgehalten: Dass uns diese Herkunftsangaben bei der Weinauswahl beziehungsweise der Einordnung eines Weins tatsächlich helfen, bezweifle ich; oft verwirren sie uns nur noch mehr. Ich empfehle Ihnen, mit diesen Abkürzungen möglichst locker umzugehen, denn Wein ist letztlich immer Geschmackssache. Nicht selten erlebe ich, dass ein IGP-Wein oder sogar ein Wein ohne nähere Herkunftsbezeichnung in Bewertungen besser abschneidet als ein DOP-Erzeugnis. Einen guten Wein machen nämlich nicht nur der Maximalertrag pro Hektar und das Mindestmostgewicht aus, sondern auch viele weitere Faktoren wie Biodiversität, Bodenzusammensetzung und die Abläufe im Keller.

Gut zu wissen:
2009 wurden im Rahmen der neuen EU-Weinverordnung die Abkürzungen DOC, DOCG, AOC durch die Abkürzung DOP als neue einheitliche Abkürzung für alle Länder ersetzt. Nichtsdestotrotz dürfen Weinproduzenten – sofern die Weine die Vorgaben nach DOP erfüllen – weiterhin die alten Qualitätssiegel, wie zum Beispiel AOC, DOCG oder DOCa, auf dem Etikett verwenden. Dies tun sie, um auf weitere qualitative Unterschiede hinzuweisen.

Weine, die nach Regionen oder Herstellungsmethode benannt sind

AMARONE
Region: Valpolicella-Gebiet, Veneto, Italien
Traubensorten: 45 bis 95 Prozent Corvina, mindestens 5 bzw. bis 30 Prozent Rondinella, 0 bis 50 Prozent Corvinone
Herstellungsmethode: Die Trauben werden zwei bis vier Monate in gut belüfteten Lagerräumen auf Holzgestellen getrocknet. Sie verlieren so bis zur Hälfte ihres Gewichts. Das Wasser verdunstet aus den Trauben, Zucker und Extraktstoffe bleiben erhalten. Der daraus gepresste Most wird fermentiert und sorgt für extrem konzentrierte Weine (Appassimento- oder Regiotoverfahren).

APPASSIMENTO-METHODE

Die Trauben werden vor der Weiterverarbeitung getrocknet.

RIPASSO
Region: Valpolicella-Gebiet, Veneto, Italien
Traubensorten: 45 bis 95 Prozent Corvina und/oder Corvinone, 5 bis 30 Prozent Rondinella, maximal 15 Prozent andere im Valpolicella zugelassene rote Rebsorten
Herstellungsmethode: Der auf herkömmliche Weise gewonnene Most wird mit den aus der Amarone-Produktion zurückgebliebenen Traubenschalen und -kernen (Trester) vermischt, um dann gemeinsam fermentiert zu werden. Da dafür der Amarone-Trester sozusagen rezykliert wird, ist Ripasso günstiger als Amarone. Ripasso bedeutet »Wiederholung, erneuter Durchgang«.

SFURSAT
Region: Veltlin, Italien
Traubensorte: 100 Prozent Nebbiolo (lokal auch Chiavennasca genannt)
Herstellungsmethode: Gleiches Verfahren wie beim Amarone (Appassimento-Methode), wobei die Trauben aber auf Strohmatten zum Trocknen ausgelegt werden. Durch den Trocknungsprozess wird der Zucker konzentriert, was zu Weinen mit höherem Alkoholgehalt führt.

CHAMPAGNER
Region: Champagne, Frankreich
Traubensorten: Pinot Noir, Chardonnay, Pinot Meunier (1 bis 3 Sorten davon)
Herstellungsmethode: Nach dem Pressen und der ersten Fermentation (alkoholische Gärung) findet die zweite Fermentation in der Flasche statt. Nachdem die Hefe den Zucker in Alkohol und Kohlensäure umgewandelt hat, werden die Hefereste im Hals der Flasche eingefroren und beim anschließenden Entfernen des Korkens durch den Überdruck aus der Flasche entfernt (Degorgieren). Der dabei entstehende kleine Verlust an Schaumwein wird durch Wein und Rohrzucker ersetzt (Dosage). Dann wird die Flasche verkaufsfertig verkorkt.

Degorieren

Die im Flaschenhals eingefrorenen Hefereste fliegen beim Entfernen des Korkens durch den Überdruck als Ganzes aus der Flasche.

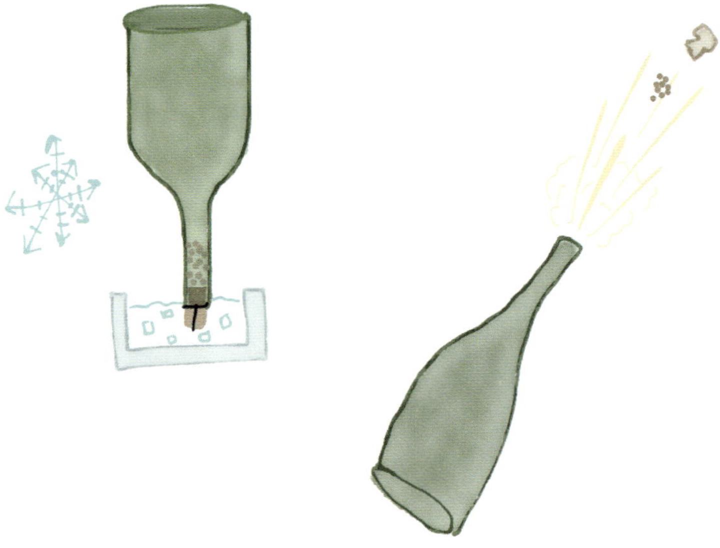

CAVA
Region: Penedès, Katalonien, Spanien
Traubensorten: Macabeo (= Viura), Xarello, Parellada, Chardonnay, Subirat Parent, rote Taubensorten wie Garnacha, Trepat, Monastrell, Pinot Noir
Herstellungsmethode: Gleiches Verfahren wie beim Champagner (Méthode traditionelle)

FRANCIACORTA
Region: Lombardei, Italien
Traubensorten: 85 Prozent Chardonnay, 10 Prozent Pinot Nero, 5 bis 50 Prozent Pinot Bianco, 0 bis 10 Prozent Erbamat
Herstellungsmethode: Gleiches Verfahren wie beim Champagner (Méthode traditionelle)

PROSECCO
Region: Veneto und Friaul-Julisch Venetien, Treviso, Valdobiaddene
Traubensorten: mindestens 85 Prozent Glera, 15 Prozent Chardonnay, Pinot Bianco, Pinot Grigio
Herstellungsmethode: Die zweite Fermentation für die Kohlensäureentstehung findet im Edelstahltank statt (Méthode Charmat).

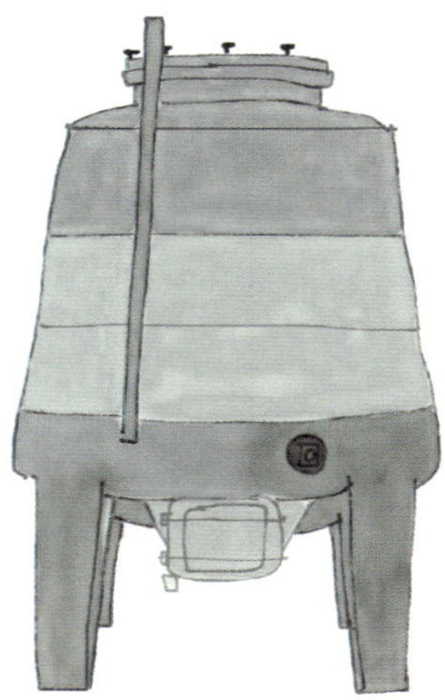

TANKVERFAHREN
Prosecco-Bubbles entstehen unter Druck im Tank.

Bio, biodynamisch, vegan

Wir kommen zu einem superaktuellen und wichtigen Thema: Bio. Viele Fragen liegen in der Luft: Was ist eigentlich der Unterschied zwischen biologischen und biodynamischen Weinen? Sind nicht von Natur aus alle Weine vegan? Schmeckt man den Unterschied zwischen einem konventionell hergestellten und einem Bio-Wein? Und sind alle Naturweine bio? All diese Fragen werden Sie – als künftiger Wein-Crack – nach der Lektüre des folgenden Abschnitts selbst beantworten können.

Das Thema Nachhaltigkeit ist im Weinbau von großer Bedeutung. Wein hängt zu hundert Prozent von Mutter Natur ab. Ohne sie gibt es keinen Wein. Das sollte eigentlich für alle einleuchtend sein. Und man würde meinen, dass die Winzerfamilien ihren Rebbergen Sorge tragen, um sie auch für die nächste Generation und deren Auskommen zu erhalten. Das ist jedoch nicht überall der Fall. Die Gründe sind: Gier aufseiten der Produzenten – Quantität vor Qualität (wie in vielen Branchen) – und Geiz aufseiten der Kunden – möglichst wenig für den Wein bezahlen.

Beides sorgt dafür, dass Nachhaltigkeit zweitrangig wird. Die Produzenten spritzen Chemikalien, um eine garantierte, möglichst große Ernte einzufahren, während Konsumentinnen und Konsumenten auf Teufel komm raus nach kostengünstigen Weinen verlangen – also spart euch euer aufwendiges Flora-und-Fauna-Gedöns im Rebberg.

Dabei ist heute ein Umdenken, eine Änderung im Umgang mit der Natur unabdingbar. Es ist allerhöchste Zeit dafür! Demzufolge ist jeder kleine Schritt in Richtung eines naturnahen Weinbaus von enormer Bedeutung. Einige Weinbauregionen können aus klimatischen Gründen nicht auf synthetische Mittel verzichten. Bei zu hoher Feuchtigkeit, etwa nach Regen ohne den trocknenden Effekt von warmen Winden, müssen die Weinbauern eingreifen können, damit es nicht zu Ernteausfällen kommt, die wiederum ihre Existenz gefährden können. Die Produzenten sind der Natur und den klimatischen Bedingungen in gewisser Weise ausgeliefert. Doch viele von ihnen setzen alles daran, Wege zu finden, um ihre Auswirkungen auf die Natur zu reduzieren.

Abschließend bleibt festzuhalten, dass sich geschmacklich nicht unterscheiden lässt, ob ein Wein bio, biodynamisch, vegan oder konventionell hergestellt ist. Ein Schelm, wer anderes behauptet.

Die wichtigsten Bio-Signete

Auf dem Rückenetikett der Weinflasche können Sie Bio-Signete finden. Nachfolgend die wichtigsten und seriösesten der in der EU und in der Schweiz verwendeten Gütesiegel. Wer sich intensiver damit auseinandersetzen will, findet auf der Website der entsprechenden Verbände weitergehende Informationen. Eine Bewertung der Gütesiegel auf ihre Nachhaltigkeit und ihr Zertifizierungssystem findet man unter www.labelinfo.ch.

EU-Bio

Dieses Label wird EU-weit von Weinproduzenten genutzt.

Staatliches Bio-Siegel

Das staatliche Bio-Siegel wurde 2001 für deutsche Weinproduzenten ins Leben gerufen, um die für die Verbraucher unübersichtliche Vielzahl unterschiedlicher Öko-Kennzeichen zu ersetzen. Es kann auf freiwilliger Basis zusätzlich zum verpflichtenden EU-Bio-Logo genutzt werden, das alle vorverpackten ökologisch erzeugten Lebensmittel aus der EU tragen müssen.

Private Bio-Verbände

Zusätzlich zum verpflichtenden EU-Bio-Logo können Weinproduzenten ihre Produkte mit Gütesiegeln privater Verbände und Handelsmarken kennzeichnen. Während die dem grünen EU-Bio-Logo zugrunde liegende Verordnung Mindeststandards für die ökologische Erzeugung definiert, gehen die Bio-Anbauverbände weit über die gesetzlichen Regelungen hinaus. Hierzu ein paar Beispiele:

Ecovin

Ecovin ist der einzige auf Wein spezialisierte Bio-Verband in Deutschland. Der Verband steht für einen verantwortungsvollen und zukunftsorientierten ökologischen Weinbau.
Mehr Infos: www.ecovin.de/richtlinie

Naturland

Naturland setzt sich international für ökologischen Landbau ein. Es ist der größte private Bio-Verband, er umfasst Landwirtschaft (einschließlich Wein), Fischerei und Waldwirtschaft. Der Verband setzt sich für eine ökologische, soziale und faire Produktion ein und stellt hohe Anforderungen an Prozesse und Kontrollen.
Mehr Infos: www.naturland.de

Bioland

Zu Bioland gehören über 8700 biologisch arbeitende Betriebe aus Landwirtschaft, Imkerei und Weinbau in Deutschland und Südtirol. Sie sind auf Regionalität spezialisiert und bestimmen demokratisch über Richtlinien und Vorgaben ihres Verbands.
Mehr Infos: www.bioland.de

Bio Austria

Vertritt die biologische Landwirtschaft in Österreich. Der Verband setzt sich für gesunde Lebensmittel und einen schonenden Umgang mit der Natur ein. Ziel ist auch, in der Gesellschaft ein Bewusstsein für die Vorzüge der Bio-Landwirtschaft zu schaffen.
Mehr Infos: www.bio-austria.at

Bio Knospe Suisse

Der Verband Bio Suisse ist der Dachverband des biologischen Landbaus in der Schweiz, zu dem rund 7500 Knospe-Produzenten zählen. Hauptanliegen ist, einen Einklang zu finden zwischen natürlichen Kreisläufen und wirtschaftlichen Rahmenbedingungen.
Mehr Infos: www.bio-suisse.ch

Die wichtigsten Signete für biodynamische Produktion

Neben Bio-Gütesiegeln können sich auf Weinflaschen auch Hinweise auf eine biodynamische Produktion finden.

Weinproduzenten, die biodynamisch arbeiten, betrachten ihren Betrieb in seiner Gesamtheit als lebendiges und sich selbst erhaltendes System. Der Boden wird nicht nur als Träger für das Pflanzenwachstum, sondern als eigenständiger Organismus betrachtet. Zur Verbesserung der Bodenbeschaffenheit kommen spezielle natürliche Präparate zum Einsatz, die zu geeigneten Zeiten im Einklang mit dem Rhythmus der Natur (z.B. nach den Mondphasen) angewendet werden. Krankheiten oder Probleme im Rebberg werden nicht einzeln bekämpft, sondern als Problem im gesamten Kreislauf betrachtet.

Die wichtigsten Labels der biodynamischen Produktion sind in der EU und der Schweiz die folgenden:

Demeter

Der Demeter-Verband ist international tätig und der Erzeugung von Bio-Lebensmitteln und Bio-Weinen im Einklang mit der Natur verpflichtet. Mensch, Pflanze, Tier und Boden wirken zusammen und werden als Gesamtheit betrachtet. Neben Dung und Kompost werden auch biodynamische Präparate eingesetzt, einige Produzenten arbeiten sogar nach dem Mondkalender. Rudolf Steiner lässt grüßen. Mehr Infos: www.demeter.de

Biodyvin

Biodyvin ist ein Verband, der vor allem in Frankreich tätig ist, aber auch Produzenten in Belgien, Deutschland, Italien, Portugal, Spanien und der Schweiz umfasst und sich ausschließlich dem biodynamischen Weinbau widmet. Der Fokus liegt auf der Fruchtbarkeit des Bodens, der Biodiversität und auf dem ganzheitlichen Umgang mit Natur und Mensch.

Vegane Weine

Veganismus ist gekommen, um zu bleiben, ob Sie es mögen oder nicht. Auch das Bedürfnis nach veganem Weingenuss wächst. Beim Wein kommt das tierische Element dadurch ins Spiel, dass im Laufe der Weinbereitung für bestimmte Zwecke tierische Stoffe zum Einsatz kommen können. Zur Schönung und Filtration werden oft Eiweiß, Gelatine und Fischblasen – also tierische Produkte – eingesetzt. In der veganen Weinproduktion verzichtet man auf diese Hilfsmittel und weicht auf pflanzliche Produkte wie Tonmineralien aus. Zwischen veganen und nicht veganen Weinen ist geschmacklich kein Unterschied festzustellen. (Nicht ganz auszuschließen ist allerdings, dass mal ein Insekt die Ernte verpennt und mit den Trauben in den Most gelangt.)

Vegane Weine sind auf dem Rückenetikett mit dem V-Signet gekennzeichnet. Das V-Label ist eine international anerkannte und geschützte Marke zur Kennzeichnung vegetarischer und veganer Produkte.

Es gibt auch Weingüter, die ihre Weine zwar vegan oder biologisch produzieren, dies aber vor allem aus folgenden Gründen nicht auf dem Etikett deklarieren:

- Bio- oder Vegan-Labels schrecken heute immer noch viele Konsumenten ab oder stoßen auf Ablehnung.
- Die Weinproduzenten verzichten aus Kostengründen auf die entsprechenden Produktionskontrollen und Laboranalysen und werden daher nicht zertifiziert.
- Im Notfall können sie bei gravierenden Naturereignissen auf nicht-biologische Hilfmittel zurückgreifen, um so keinen kompletten Ernteausfall in Kauf nehmen zu müssen.

Herausforderungen im biologischen Weinbau

In Regionen mit feuchtem Klima haben die Produzenten oft mit Pilzkrankheiten zu kämpfen, was biologische Anbaumethoden erschwert.

Naturweine

Was habe ich am Anfang mit Naturweinen gekämpft! Sporttaschenmief, Mäuseurin, Stallgeruch – mir schwappten jegliche Aromen aus dem Glas entgegen, nur keine angenehmen.

Es hat eine Weile gedauert, bis ich die feinen, »sauberen« Tropfen gefunden hatte. Learning by drinking, wieder einmal. Auch hat es eine Weile gedauert, bis die gröbsten »Stinker« vom Markt verschwunden waren. Die Qualität der Naturweine hat innerhalb der letzten rund fünf Jahre rasant zugenommen und jene Player eliminiert, die allein nach dem Motto »Ich rühre den Wein nicht an, er soll sich selbst entwickeln« gearbeitet haben. Ihnen kann man nur viel Gück wünschen, denn Naturweine herzustellen, benötigt eine Menge Wissen und Feingefühl. Wenn man dem Wein weder etwas hinzufügt (Schwefel), noch etwas wegnimmt, ist er hoch sensibel und kann sich in alle Richtungen entwickeln. Dies erfordert viel Aufmerksamkeit. Und hier trennt sich die Spreu vom Weizen.

Naturweine (eigentlich ein Widerspruch in sich, denn der Mensch kreiert den Wein, nicht die Natur) zeichnen sich durch ihre Natürlichkeit aus. Das bedeutet:

- Mindestens biologische oder biodynamische Landwirtschaft
- Förderung der Artenvielfalt im Weinberg
- Manuelle Ernte der hochwertigen, vollreifen Trauben
- Natürliche Hefen und spontane Gärung
- Keine Filtration
- Keine Korrekturen, Zusätze, Behandlungen oder anderen Eingriffe bis zur Abfüllung
- So wenig zugesetzte Sulfate (Schwefeldioxid) wie möglich, am besten gar keine

Gut zu wissen:
Naturweine riechen oft anders, als sie schmecken. Lassen Sie sich daher nicht vom ersten, eventuell leicht miefigen Geruch abschrecken. Nehmen Sie einen Schluck und kosten Sie ihn. Zwischen Geruch und Geschmack sind oft Welten!

Naturwein beruht auf der Grundidee, auf jeden chemischen, technologischen oder mechanischen Eingriff sowohl beim Anbau der Trauben wie bei der Weinbereitung zu verzichten. Naturweinproduzentinnen und -produzenten lehnen die bewusste Standardisierung kommerzieller Weine ab und streben vielmehr nach dem natürlichen Ausdruck ihres heimischen Terroirs unter den Bedingungen des jeweiligen Jahres.

Diese Herstellungsmethode ist nicht zertifiziert, worüber sich trefflich streiten lässt. Die einen finden, dass Zertifizierungen die Freiheit und die Kreativität beim Weinmachen einschränken und der Haltung gegenüber etwas Lebendigem widersprechen, andere sind der Meinung, dass es Zertifikate braucht, damit nicht jede und jeder irgendwas und irgendwie produzieren kann.

Eines ist klar: Die Naturweinbewegung – so chaotisch und wild sie sein mag – hat einen Einfluss auf die traditionelle, konventionelle Weinherstellung. Immer mehr Produzenten hinterfragen ihre gewohnten Methoden und Mittel und überlegen sich, wie stark sie tatsächlich auf den Wein einwirken. Letztlich also ein guter Impuls und eine schöne Bereicherung der Weinwelt.

Apropos Schwefel:
Der Schwefel ist der Sündenbock der Branche. Naturweinproduzenten sind stolz, wenn es ihnen gelingt, darauf zu verzichten. Weintrinker wiederum geben ihm die Schuld am Kater. Ich sage: »Sauf‘ einfach weniger! Der Alkohol und du seid schuld am Kater, nicht der Schwefel.« Übrigens enthält jeder Wein kleine Mengen an Schwefel, nämlich als Nebenprodukt der alkoholischen Gärung. Zudem enthalten Käse, Salami oder getrocknete Früchte im Vergleich zu Wein um das Hundertfache an Schwefeldioxid.

Orange Wine

So viel vorweg: Orange Wine wird nicht aus Orangen gemacht. Sonst würde man ihn O-Saft nennen. Kurz und knapp: Es handelt sich um eine Art Weißwein, bei dem die Schalen und Kerne der Trauben während des Vergärens mit dem gepressten Saft in Berührung bleiben, wodurch ein intensiv orangefarbenes Endprodukt entsteht.

Der Prozess:

1. Weiße Trauben ernten.
2. Trauben stampfen (Maische).
3. Most mit Schalen und Kernen in ein großes Gefäß (Zement oder Ton) füllen (Maischestandzeit).
4. Gärung setzt ein (Hefe frisst Zucker und wandelt diesen in Alkohl um).
5. Die Gärphase kann von vier Tagen bis zu rund einem Jahr dauern.
6. Maische vom Saft trennen. In Flaschen abfüllen.

Bei diesem natürlichen Prozess kommen wenig bis gar keine Zusatzstoffe zum Einsatz, manchmal nicht einmal Hefezusätze. Aus diesem Grund unterscheiden sich Orange Wines geschmacklich stark von konventionellen Weißweinen; sie erhalten aufgrund der Oxidation (Kontakt mit Sauerstoff) einen säuerlichen und nussigen Geschmack.

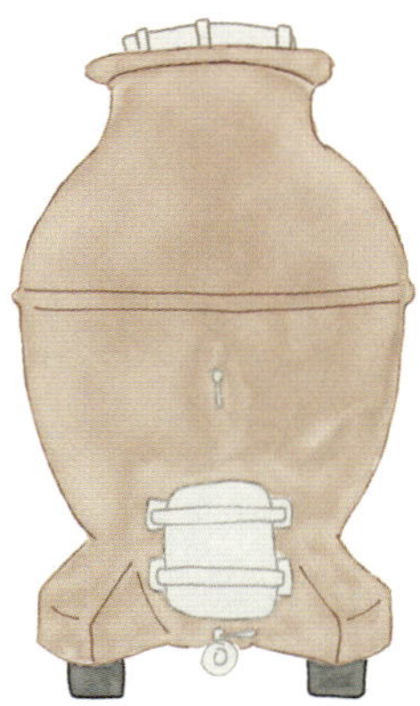

Amphore

Beliebter Behälter für die Herstellung von Orange Wine: Erlaubt Sauerstoffaustausch ohne Fremdeinfluss auf den Wein wie etwa jenen von Holz.

Orange Wines werden als robust und kräftig beschrieben, mit honigartigen Aromen von Haselnuss, gequetschtem Apfel, Holzlack, Leinöl, Wacholder, Sauerteig und getrockneter Orangenschale. Kombucha-feeling! Am Gaumen sind sie kräftig und trocken, sie haben sogar Tannine wie Rotwein und eine Säure, die an Fruchtbiere erinnert. Diese Weine können so intensiv schmecken, dass man sich beim ersten Probieren besser hinsetzen sollte.

Gut zu wissen:
Die tieforange Farbe des Orange Wine kommt von dem in den Traubenkernen enthaltenen Lignin (phenolische Moleküle), das während der Maischestandzeit an den Saft abgegeben wird.

PÉT-NAT

Pét-Nat (auch Pet Nat geschrieben) ist die Abkürzung für Pétillant Naturel, was »natürlich sprudelnd« bedeutet. In Frankreich wird das Verfahren auch als »Méthode ancestrale« bezeichnet.

Egal ob Weiß, Rot oder Rosé, sind diese Weine aufgrund der unfiltrierten Abfüllung oft trüb; dies ist durch die Herstellungsmethode bedingt. Während Champagner durch Zusatz von Zucker und Hefe eine zweite Gärung in der Flasche durchläuft und die Trübstoffe anschließend entfernt werden, wird bei der Herstellung von Pét-Nat der Wein während der natürlichen Fermentation in Flaschen abgefüllt und beendet die Gärung in der Flasche; Heferückstände werden nicht aus dem Wein gefiltert. Pét-Nat-Weine weisen einen geringeren Druck in der Flasche auf, wirken leichter und haben weniger Perlage (Bubbles). Der Druck in der Flasche liegt bei etwa 2,5 bis 3 bar, während er bei Champagner 5 bis 6 bar beträgt. Das erklärt auch, weshalb bei Pét-Nats Kronkorken genügen und nicht wie bei Champagner ein Zapfen plus Drahtkorb nötig ist, um dem Druck standzuhalten.

Pét-Nats sind in gewisser Weise die Quick-and-dirty-Version eines Schaumweins. Während klassischer Champagner eine mehrjährige Reifung benötigt, kommen Pét-Nat-Weine im ungestümen jüngeren Alter auf den Markt und schmecken oft »wilder«, fruchtiger als Champagner. Übrigens auch eine gute Wahl für heiße Sommertage, da sie in der Regel weniger Alkohol enthalten als andere Schaumweine. Zum Vergleich könnte man sie sich als Sektversion eines komplexen, saftigen IPA-Biers vorstellen.

Jahrgänge und Reifepotenzial

Jahrgänge und Genussreife beziehungsweise Lagerpotenzial sind bei vielen Weingenießerinnen und -genießern ein äußerst beliebtes Thema. Hier die wichtigsten Fragen, die mir dazu immer wieder gestellt werden:

- *Was sagt der Jahrgang aus?*

Der Jahrgang auf dem Etikett steht für das Jahr, in dem die Trauben geerntet wurden.

- *Spielt der Jahrgang wirklich eine so große Rolle?*

Die Mehrheit der Weine, die auf dem Markt sind und hauptsächlich im Detailhandel, im Supermarkt oder Discounter gekauft werden, sind nicht zum Lagern gedacht. Diese Weine sollte man jung, also bald trinken. Das heißt, Weißweine sollten innerhalb von ein bis zwei Jahren, Rotweine innerhalb von fünf Jahren genossen werden. Bei diesen Weinen spielt der Jahrgang keine Rolle, da die Weinproduzenten jedes Jahr und mit jedem Jahrgang, unabhängig vom klimatischen Jahresverlauf im Rebberg, die gleiche Qualität zu erzielen versuchen.

- *Wann ist der Jahrgang von Bedeutung?*

Der Jahrgang ist dann wichtig, wenn der Wein das Potenzial zur Alterung haben und nach rund fünf Jahren besser werden soll. Solche Weine finden Sie beim Fachhändler, nicht beim Discounter. Welche Überraschung!

- *Welche Weine haben ein Reifepotenzial?*

Das Reifepotenzial von Wein ist nur ungefähr und ohne Garantie vorhersehbar. Die wichtigsten Eigenschaften für eine schöne Reifung von Rotweinen sind Tanin und Säure. Tannin hat eine konservierende Wirkung auf den Wein. Es gelangt folgendermaßen in den Wein:

  - Aus den Traubenschalen und -kernen
  - Über das Holz während der Fasslagerung

- Durch das Klima: Trockene Sommer ergeben dickschaligere Traubenbeeren und damit mehr Tannin.
- Niedriger Ertrag (konzentrierte Trauben)
- Lange Maischestandzeit (der Most ist längere Zeit mit Kernen und Schalen in Kontakt)

Dickschalige Rebsorten wie Cabernet Sauvignon, Nebbiolo oder Syrah besitzen von Natur aus mehr Tannin und bringen deshalb auf ganz natürliche Art mehr Reifepotenzial mit. Die filigrane Rebsorte Pinot Noir besitzt zwar nicht viel Tannin, dafür eine schöne Säure.

Tannine sorgen für Struktur und erhöhen die Oxidationsfähigkeit. Je mehr Tannin, desto langsamer oxidiert ein Wein. Die Säure verleiht dem Wein Frische und hat eine antioxidative Wirkung – ähnlich wie der Effekt von frisch gepresstem Zitronensaft auf Guacamole, der diese vor dem Braunwerden bewahrt. Einige Pinot Noirs von speziellen Terroirs können daher genauso schön reifen wie robuste Cabernet Sauvignons. Das Gleiche gilt für Riesling.

- *Verfügt jeder kräftige, also tanninreiche Wein über Reifepotenzial?*

Nein. Die Qualität der Trauben spielt bei der Reifung ebenfalls eine wichtige Rolle. Nur Gerbstoffe, die zum Erntezeitpunkt reif waren, werden sich nach mehreren Jahren Flaschenlagerung harmonisch in den Wein integrieren. Ein rauer, pelziger und bitter schmeckender Rotwein wird rau, pelzig und bitter bleiben, egal wie lange Sie ihn lagern. Oder anders gesagt: Schlechter Wein bleibt schlechter Wein.

- *Sind ältere Jahrgänge immer teurer?*

Nein, nicht unbedingt. Um es am Beispiel der Bordeaux-Weine zu beantworten: Ein renommierter Bordeaux mit Jahrgang 2010 ist teurer als der gleiche Wein mit Jahrgang 2007. Dies weil 2010 ein Spitzenjahr war. Von einem Spitzenjahr spricht man, wenn das Klima im entsprechenden Jahr in Bezug auf die Traubenentwicklung und -reifung optimal war und damit für elegante Weine sorgte.

Preiserhöhungen können bei einem neuen Jahrgang gegenüber den vorangehenden auch dann zustandekommen, wenn plötzlich gewisse

Ressourcen knapp beziehungsweise teurer wurden. Zudem gibt es Weingüter, die ihren Wein aus Prestigegründen in einer bestimmten Preisklasse ansiedeln wollen und deshalb auf den neuen Jahrgang einen Preisaufschlag vollziehen.

- *Welche geschmackliche Entwicklung ist bei Weinen mit Reifepotenzial zu erwarten?*

Weißweine entwickeln nussige, oxidative (z.B. sherryähnliche), bienenwachsartige Nuancen und Aromen von gereiftem Obst. Rotweine entwickeln würzige, ledrige und erdige (Pilz-, Trüffel-)Nuancen. Gereifte Süßweine wirken trockener als junge Süßweine (als ob der Wein den ganzen Zucker aufgegessen hätte). Rote Süßweine (z. B. Portwein) entwickeln Aromen von Dörrfrüchten (Feige, Pflaume, Rosinen). Schaumweine entwickeln Aromen von getrockneten Früchten (Aprikose, Apfel), Honig, Nektar, Nuss und Toastbrot; sie verlieren jedoch über die Jahre an Kohlensäure und nehmen einen dunkleren Farbton an.

GEREIFTER SCHAUMWEIN VERLIERT BUBBLES

- *Welche Weißweine kann man lagern?*

Es lassen sich keine bestimmten weißen Rebsorten oder Weißweine aus bestimmten Regionen benennen, die per se lagerfähig sind. Erfahrungswerte zeigen, dass sich Weißweine mit höherem Säuregehalt, höheren Extraktwerten und längerer Lagerzeit im Holzfass (Kontakt mit Sauerstoff) als besonders stabil erweisen.
Beispiele für tendenziell lagerfähige Weißweine sind:

- Chardonnay aus dem Burgund
- Gewürztraminer aus dem Südtirol, aus Österreich, Somontano (Spanien), Elsass
- Riesling
- Sémillon- und Sauvignon-Cuvées
- Viognier

Süßweine (Sauternes, Eiswein, Beerenauslese usw.) sind besser lagerfähig als trockene Weißweine, da der höhere Restzuckergehalt einen konservierenden Effekt auf den Wein hat. Dasselbe gilt auch für Portweine. Manche Dessertweine überleben Generationen – was müssen das für geduldige Menschen sein!

Weisswein

Rotwein

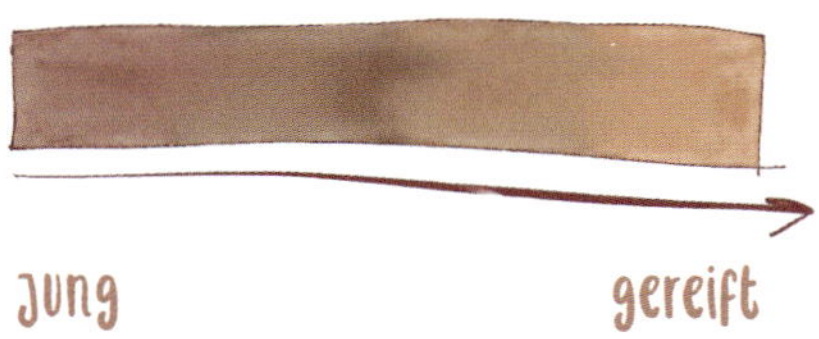

- *Ab wann gilt ein Wein als alt?*

Ab wann sind Sie alt? – Es gibt keine absolute, genaue Zeitangabe dafür, ab wann ein Wein als alt zu gelten hat. Generell könnte man sagen, dass ein Rotwein dann Anzeichen des Alters zeigt, wenn er seine Farbe verliert. Bei Weiß- und Schaumwein ist es umgekehrt: Sie werden mit zunehmendem Alter dunkler.

- *Bei welchen Traubensorten oder Regionen lohnt sich die Suche nach bestimmten Jahrgängen?*

In Bezug auf herausragende Jahrgänge sind das Terroir, das Klima und das Weingut viel wichtiger als die Traubensorte.

Folgende Regionen sind weltweit bekannt für lagerfähige Weine: Barolo und Barbaresco (Piemont), Bordeaux, Brunello di Montalcino, Burgund (auch für Chardonnay), Priorat, Rioja, Ribera del Duero und Napa Valley.

Auf der folgenden Seite meine Bewertung der Spitzenjahrgänge, geordnet nach Ländern und Regionen (ohne Jahrgänge 2020 und 2021, da viele dieser Weine noch nicht abgefüllt, marktfertig oder ganz allgemein noch nicht bewertbar sind):

Spitzenjahrgänge

Frankreich

Burgund	Bordeaux	Champagne
2017	2015	2014
2014	2010	2012
2010	2009	2008
2008	2005	2004
		2002

Deutschland

Pfalz	Rheingau	Mosel
2017	2019	2019
2015	2015	2018
2015	2009	2017
2012		2016
		2011

Italien

Piemont	Toskana	Südtirol
2019	2019	2018
2016	2018	2016
2015	2015	2015
2013	2013	2011
2010	2006	

Schweiz

Waadt	Wallis	Bündner Herrschaft
2018	2019	2018
2017	2018	2015
2015	2016	2009
2011	2010	2005

Spanien

Priorat	Rioja	Ribera del Duero
2019	2019	2019
2010	2016	2015
2009	2010	2011
2005	2008	2010
	2005	2009

Österreich

Burgenland	Wachau	Steiermark
2019	2019	2019
2017	2015	2017
2015	2013	2015
2012	2006	2013
2011		

Angaben zu Inhaltsstoffen

Erstaunlicherweise müssen bei Wein mit Ausnahme der Sulfite keine weiteren Inhaltsstoffe auf dem Etikett deklariert werden. Vielleicht liegt das daran, dass Wein ein Genussmittel ist und wir uns den Genuss nicht mit irgendwelchen unverständlichen Fremdwörtern oder (möglicherweise bedenklichen) Inhaltsstoffen verderben lassen wollen.

Die Sache mit den Sulfiten

Schwefel dient dazu, den Wein haltbarer zu machen. Dem Wein wird allerdings nicht reiner Schwefel zugesetzt, sondern Schwefeldioxid (SO_2). Sulfite sind Salze der schwefeligen Säure, die als Konservierungsmittel wirken und den Wein vor Oxidation schützen, die sonst zu miefigen Aromen führen könnte. Der Begriff Sulfite wird als Synonym für Schwefeldioxid benutzt.

Nach dem EU-Weinrecht müssen alle Weine, die mehr als 10 mg Schwefel pro Liter aufweisen, den Hinweis »Enthält Sulfite« tragen. Die erlaubten Maximalmengen an Schwefel variieren, je nachdem ob der Wein aus konventionellem oder biologischem Weinbau stammt. Beim Naturweinbau gibt es keine diesbezüglichen Richtlinien. Hier arbeiten die Winzerinnen und Winzer nach dem Grundsatz, dass dem Wein nichts hinzugefügt werden soll, und verzichten daher in der Regel auf den Zusatz von Schwefel. Auch für vegane Weine bestehen keine Richtlinien.

Eine geringe Menge Schwefeldioxid kann übrigens auf natürliche Weise während der alkoholischen Gärung entstehen.

Gut zu wissen:
Diverse Studien haben bewiesen, dass Sulfite nicht am Kater beziehungsweise an Kopfschmerzen nach Weingenuss schuld sind. Dafür gibt es einen einzigen Grund: Es waren ganz einfach drei Gläser oder vielleicht sogar drei Flaschen zu viel. Ich sage es nur ungern, aber Alkohol ist nun mal ein Zellgift. Nichtsdestotrotz, je weniger Zusatzstoffe dem Wein beigefügt werden, desto besser.

Die Sache mit dem Histamin

Die Sache mit dem Histamin ist immer wieder und vermutlich noch verstärkt in der heutigen Zeit der mit Hingabe gepflegten Intoleranzen eine heiß und innig diskutierte Frage. Was hat es damit auf sich?

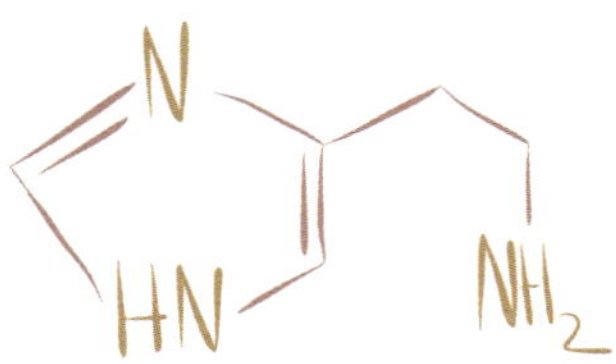

Histamin ist ein biogenes Amin, ein vom Körper selbst hergestellter natürlicher Botenstoff, der bei vielen Abläufen im Körper eine wichtige Rolle spielt. Er hilft, unseren Appetit und unseren Schlaf-Wach-Rhythmus zu kontrollieren, unsere Darmtätigkeit zu regulieren und unsere Hirntätigkeit zu steigern. Auch für unser Immunsystem ist er von Bedeutung. Histamin ist also ziemlich bedeutsam, kann jedoch für Menschen mit einer Histaminintoleranz zu einem Problem werden, wenn zu viel davon im Körper vorkommt. Das kann unter anderem dann passieren, wenn man Lebensmittel mit hohem Histamingehalt zu sich nimmt.

Der Histamingehalt von Lebensmitteln steigt insbesondere durch Verarbeitungsprozesse, Konservierung oder Reifungsprozesse. Dafür sind in erster Linie die an diesen Prozessen beteiligten Bakterien verantwortlich.

Bei der Herstellung von Wein können folgende Faktoren einen Anstieg der Histaminwerte bewirken:

- Überreifes, unsauberes Traubengut: Die Trauben können unkontrolliert anfangen zu gären und somit eine unerwünschte Bakterientätigkeit auslösen.

- Malolaktische Gärung (biologischer Säureabbau): Bei diesem natürlichen Prozess wandeln Milchsäurebakterien die scharfe, »kantige« Apfelsäure im Wein in die mildere, »rundere« Milchsäure um. Je nach den Bakterienstämmen, die dabei am Werk sind, kann es zu einer Erhöhung des Histaminanteils kommen.

- Lange Maischestandzeit: Der Traubenmost ist lange in Kontakt mit den Traubenschalen und -kernen. Auch hier können sich unerwünschte Bakterien entwickeln.

- Lagerung: Die Lagerung des Weins in Holzfässern kann die Bildung von Histamin begünstigen.

Hinzu kommt, dass der Alkohol in dieser Problematik eine gewichtige Rolle spielt, denn Alkohol ist fähig, größere Mengen an Histamin aus anderen Lebensmitteln, die zusammen mit dem Wein eingenommen werden, zu lösen. Dies kann dazu führen, dass auch Menschen ohne Histaminunverträglichkeit auf Histamin reagieren können.

Generell gilt: Jeder Wein enthält Histamin. Weißweine enthalten weniger Histamin (< 1 mg/Liter) als Rotweine (< 3 mg/Liter). Dies liegt vor allem daran, dass Weißwein in der Regel seltener den Prozess des biologischen Säureabbaus durchläuft und auch der Prozess der Maischegärung übersprungen wird, indem der Saft schon früh von den Schalen und Kernen getrennt wird.

Histamin lässt sich nur durch Laboranalysen feststellen. Da weltweit weniger als ein Prozent der Bevölkerung unter dieser Intoleranz leidet, ist der Histaminwert auf Lebensmitteln und Wein (noch) keine obligatorische Angabe.

Wichtig: Nach deutschem Lebensmittelrecht darf auf dem Etikett eines histaminarmen Weines nur der Hinweis »Histaminarm« stehen, jedoch niemals »Histaminfrei«.

ETIKETTEN-GLOSSAR

Neben Name, Region und Jahrgang finden sich auf Weinetiketten noch weitere Begriffe, die eine besondere Bedeutung haben und damit bei der Auswahl eines Weines aufschlussreich sein können. Hier werden die wichtigsten und am häufigsten vorkommenden erklärt.

Réserve, Reserva, Riserva

Die Bezeichnung »Réserve« klingt nach etwas Besonderem, etwas besonders Wertvollem, das man zurückbehält – wie einen versteckten Schatz. Doch dieser Begriff steht je nach Land und Weingut immer wieder für etwas anderes und ist oft auch nur eine leere Worthülse. Hier ist also Vorsicht geboten. Ganz allgemein gilt: Viele Weingüter verwenden den Begriff zur Kennzeichnung ihrer Spitzenweine oder von Weinen mit längerer Reifezeit.

Réserve in der Schweiz

In der Schweiz darf der Begriff »Réserve« oder »Reserve« auf dem Etikett stehen, wenn Weißweine mindestens 12 Monate beziehungsweise Rotweine mindestens 18 Monate gereift sind. In Bezug auf die Weinqualität sagt er damit nicht viel aus.

Reserve in Österreich

In Österreich ist »Reserve« eine offizielle Kennzeichnung für einen Wein von hoher Qualität. Er muss aus Rebsorten bestehen, die für die Region typisch und qualitativ besonders hochwertig sind. Steht auf dem Etikett »Große Reserve« oder »Grande Reserve«, handelt es sich um einen Wein, der einige Zeit im Holzfass ausgebaut wurde.

Reserve in Deutschland

In Deutschland werden die Begriffe »Reserve«, »Grande Reserve« oder »Privat Reserve« eher selten verwendet. Sie bezeichnen Weine besonderer Qualität, wobei diese nicht genauer definiert ist.

Unsere lateinischen Nachbarn nehmen die Sache mit der »Reserve« erstaunlich ernst. Das Sprichwort »Gut Ding will Weile haben« passt hier perfekt. Wobei der Vollständigkeit halber zu ergänzen wäre: »... und kostet dann demensprechend.«

Reserva in Spanien

In Spanien kennzeichnet der Begriff »Reserva« Rotweine, die mindestens drei Jahre, also volle 36 Monate, gereift sind, davon mindestens zwölf Monate im Eichenholzfass. Die Kennzeichnung der Qualitätsstufen und ihre jeweilige Bedeutung hier am Beispiel des Rioja aufgezeigt:

Rioja Crianza

Totale Lagerungszeit im Keller:
2 Jahre
Davon mindestens 1 Jahr im Eichenholzfass gereift

Rioja Reserva

Totale Lagerungszeit im Keller:
3 Jahre
Davon mindestens 1 Jahr im Eichenholzfass und mindestens 6 Monate in der Flasche gereift

Rioja Gran Reserva

Totale Lagerungszeit im Keller:
5 Jahre
Davon mindestens 2 Jahre im Eichenholzfass und mindestens 2 Jahre in der Flasche gereift

Riserva in Italien

In Italien bezeichnet der Zusatz »Riserva« einen Wein, der eine längere Alterung erfahren hat als derselbe Wein ohne diesen Namenszusatz. Konkret bedeutet das dann etwa folgende Lagerungs- und Reifezeiten:

Barolo

Totale Lagerungszeit im Keller:
38 Monate
Davon mindestens 1½ Jahre im Eichenholzfass gereift

Barolo Riserva

Totale Lagerungszeit im Keller:
62 Monate
Davon mindestens 1½ Jahre im Eichenholzfass gereift

Barbaresco

Totale Lagerungszeit im Keller:
26 Monate
Davon mindestens 9 Monate im Eichenholzfass gereift

Barbaresco Riserva
Totale Lagerungszeit im Keller:
50 Monate
Davon mindestens 9 Monate im Eichenholzfass gereift

Chianti Classico Riserva
Mindestens 27 Monate Lagerung (egal ob im Fass oder in der Flasche)

Brunello di Montalcino Riserva
Totale Lagerungszeit im Keller:
6 Jahre
Davon mindestens 2 Jahre im Eichenholzfass (1 Jahr länger als der normale Brunello di Montalcino)

Und einfach so zum Spaß hier noch einer, der kein »Riserva« um den Hals trägt:
Vino Nobile di Montepulciano
Mindestens 3 Jahre Lagerung (egal ob im Fass oder in der Flasche)
1 Jahr länger gereift als der normale Rosso di Montepulciano

Wenn Ihnen nun vor lauter unterschiedlicher Reifezeiten der Kopf schwirrt:
Worum geht es bei dieser Lagerung eigentlich? Kurz und bündig: Bei der Lagerung im Holzfass dringen stetig minimale Mengen Sauerstoff ein, was dazu führt, dass Tannine und sonstige Stoffe langsam in den Wein eingebunden werden und der Wein so schließlich schön geschmeidig wird. Ein Wermutstropfen bleibt: Der Wein wird dadurch teurer, da Lagerkosten immer einen Aufpreis bedeuten.

Réserve in Frankreich

Natürlich müssen die Franzosen die ganze Sache wieder einmal komplizierter machen. Sie können einfach nicht anders. Bei ihnen wird der Begriff »Réserve« ausschließlich für Champagner verwendet – Top of the Plops also.

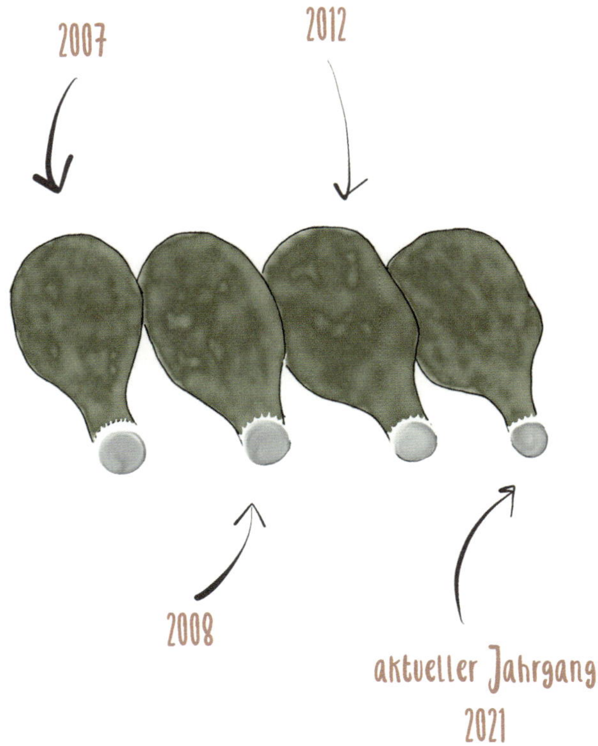

Sicher ist Ihnen schon aufgefallen, dass Ihr Lieblings-Champagner, egal in welchem Jahr, immer gleich (gut) schmeckt. Das liegt daran, dass die Produzenten ihren Standard-Champagner, also die normale Haussorte ohne Jahrgang, mit sogenannten Reserveweinen vermischen (man nennt dies auch Assemblage oder Verschnitt). Jedes Jahr nach der Ernte wird ein großer Teil des gekelterten Stillweins (also noch ohne Bubbles) in Flaschen, Edelstahltanks oder auch in Fässern gelagert, um für das nächste oder sogar für mehrere Jahre als Reserve zur Seite gelegt zu werden. In diesem Fall handelt es sich also tatsächlich um eine Reserve (oder gar ein Reservoir) im eigentlichen Wortsinn.

Beim Önologen liegt schließlich die Kunst, den Grundwein der aktuellen Ernte mit Reservewein aus dem vorherigen Jahr oder mit mehreren Reserveweinen aus mehreren vorangegangenen Jahren im richtigen Verhältnis zu vermischen, sodass ein Champagner von wiedererkennbarem Stil und Geschmack nach Art des Hauses entsteht. Auf diese Weise können die Champagnerhäuser ihre Champagner-Stilistik, den besonderen Charakter ihrer Produkte, Jahr um Jahr gleichbleibend garantieren.

Cuvée

Eine Cuvée bezeichnet eine Mischung oder Zusammenführung verschiedener Traubensorten (z. B. Merlot und Cabernet Sauvignon), verschiedener Weinberglagen oder Parzellen (z. B. von einem südlich und einem östlich ausgerichteten Hang) oder verschiedener Grundweine (z. B. Wein aus amerikanischen und solcher aus französischen Holzfässern), bei Champagner auch Grundweine verschiedener Jahrgänge. Fachlich spricht man auch von Verschnitt oder Assemblage.

Dass Cuvées ein Mischmasch aus irgendwelchen Traubenresten sind, gehört ins Reich der Legenden und der üblen Nachrede. Im Gegenteil können diese Weine oft komplexer und vielschichtiger sein als die individuell (sorten- und lagenrein) gekelterten Weine.

Beim Champagner verhält es sich wiederum anders: Wenn hier »Cuvée« auf dem Etikett steht, weist dies auf höchste Qualität hin. Cuvée nennt man dann nämlich den Teil des Saftes, der auf natürliche Weise aus den unter ihrem Eigengewicht aufplatzenden Trauben im Bottich entsteht (Vorlaufsaft) – im Gegensatz zu dem durch maschinelles Pressen entstandenen Most (der Bitterstoffe aus den Traubenschalen und -kernen enthalten kann).

Und warum einfach, wenn es auch kompliziert geht? Im französischsprachigen Raum findet man gelegentlich die Bezeichnung »Cuvée Prestige« oder »Tête de Cuvée«. Damit wird ganz allgemein (ohne genauere Vorgaben) das Spitzenprodukt des Weinguts bezeichnet.

PINOT NOIR
Parzelle 2
Parzelle 3
Parzelle 1
SAUVIGNON
BLANC
CHARDONNAY
PINOT BLANC
Parzelle
1
2
3
EINZELN FERMENTIERT
Cuvée Pinot Noir
ALLE REBSORTEN EINZELN FERMENTIEREN
Cuvée Blanc

Grand Cru, Großes Gewächs, Galanter Gangster

»Crus« mit unterschiedlichen Vor- und Zunamen findet man mehrheitlich auf Etiketten französischer Erzeugnisse. Der Begriff »Cru« bezeichnet eine Lage oder Parzelle, die meistens besser klassifiziert ist als andere Lagen in der Umgebung und so, aufgrund der Qualität des Terroirs, auch bessere Weine hervorbringen kann. Einige dieser »Crus« haben ihre Klassifizierung allerdings bereits vor Jahrhunderten erhalten, ohne dass diese seither jemals wieder hinterfragt wurde. Daher lohnt sich diesbezüglich eine gewisse Skepsis.

Folgende Regionen in Frankreich benutzen die Bezeichnung »Cru« als Klassifizierung:

Bordeaux

Grand Cru Classé

Diese Klassifizierung hat ihren Ursprung im Jahr 1855 und wurde von Napoleon III. zur Weltausstellung in Paris ins Leben gerufen. Um die prestigeträchtigsten Weine der Region zu bestimmen, wurden zwei Kriterien berücksichtigt: der Bekanntheitsgrad der Châteaux (Weingüter) und die für die vergangenen Jahrgänge erzielten Preise. Die damals ausgewählten 88 Châteaux können sich bis heute mit dieser Auszeichnung schmücken – es ist also alles andere als ein dynamisches, modernes Gütesiegel und hat für die meisten Weinexperten heute keine Bedeutung mehr.

Die Klassifikation beinhaltet nur Rotweine aus dem Médoc, Süßweine aus den Gebieten Sauternes und Barsac und einen Rotwein aus dem Graves-Gebiet. Die Châteaux werden in fünf Qualitätsstufen unterteilt: von Premiers Crus als höchster Klassierung bis

Bordeaux: Grand Cru Classé 1855

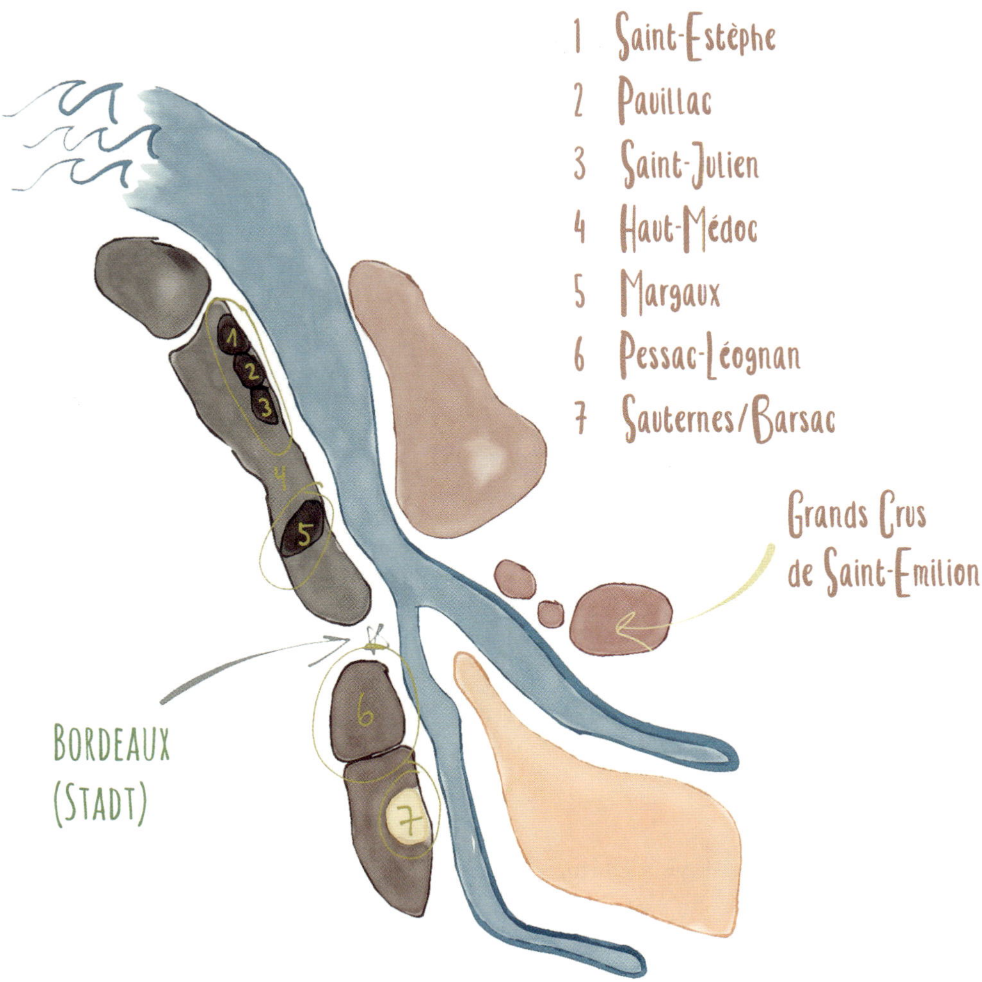

Gut zu wissen:
Halten Sie bei Bordeauxweinen im Weinregal oder auf der Karte Ausschau nach der Bezeichnung »Cru Bourgeois«. Diese Klassifikation steht für ein vernünftiges Preis-Leistungs-Verhältnis und für Weine, die bereits gut trinkbar sind. Es handelt sich dabei um familiengeführte Weingüter, die sich an zahlreiche Qualitätskriterien halten müssen. Um die Klassifikation »Cru Bourgeois« behalten zu können, müssen die Weine alle fünf Jahre neu von einer Fachjury blind verkostet werden.

zu Cinquièmes Crus als tiefster Klassierung, die aber immer noch einer sehr hohen Qualität entspricht.

Grands Crus de Saint-Émilion

Zwar nicht jahrhundertealt, aber ebenfalls von ehrwürdigem Alter ist die Klassifizierung der Saint-Émilion-Châteaux (82 an der Zahl) aus dem Jahr 1954, eingeführt zum Schutz der Herkunftsbezeichnung Saint-Émilion.

Laut Verordnung muss die Klassifizierung alle zehn Jahre einer Überprüfung und Überarbeitung unterzogen werden, was jedes Mal für Empörung seitens der Châteaux sorgt. Die letzte Revision fand 2012 statt. Wie genau diese Überarbeitung oder die Kriterien für die Klassifizierung aussehen, wissen nur ein paar ausgewählte Bordelaiser.

Burgund

- Grand Cru: beste Lagen
- Premier Cru: zweitbeste Lagen

Champagne

Auch die Champagne kennt 17 Gemeinden mit Grand-Cru-Status, obwohl diese praktisch nie auf dem Etikett stehen und außerhalb Frankreichs nahezu unbekannt sind. Zu diesen Spitzen-Crus zählen: Ambonnay, Avize, Aÿ, Bouzy, Cramant, Le Mesnil-sur-Oger, Oger, Verzenay und Verzy.

Elsass

Das Elsass verfügt über 50 Spitzenlagen oder Grand Crus, in denen ausschließlich Riesling, Gewürztraminer, Pinot Gris und Muscat wachsen dürfen.

BURGUND: WEINKLASSIFIKATIONEN

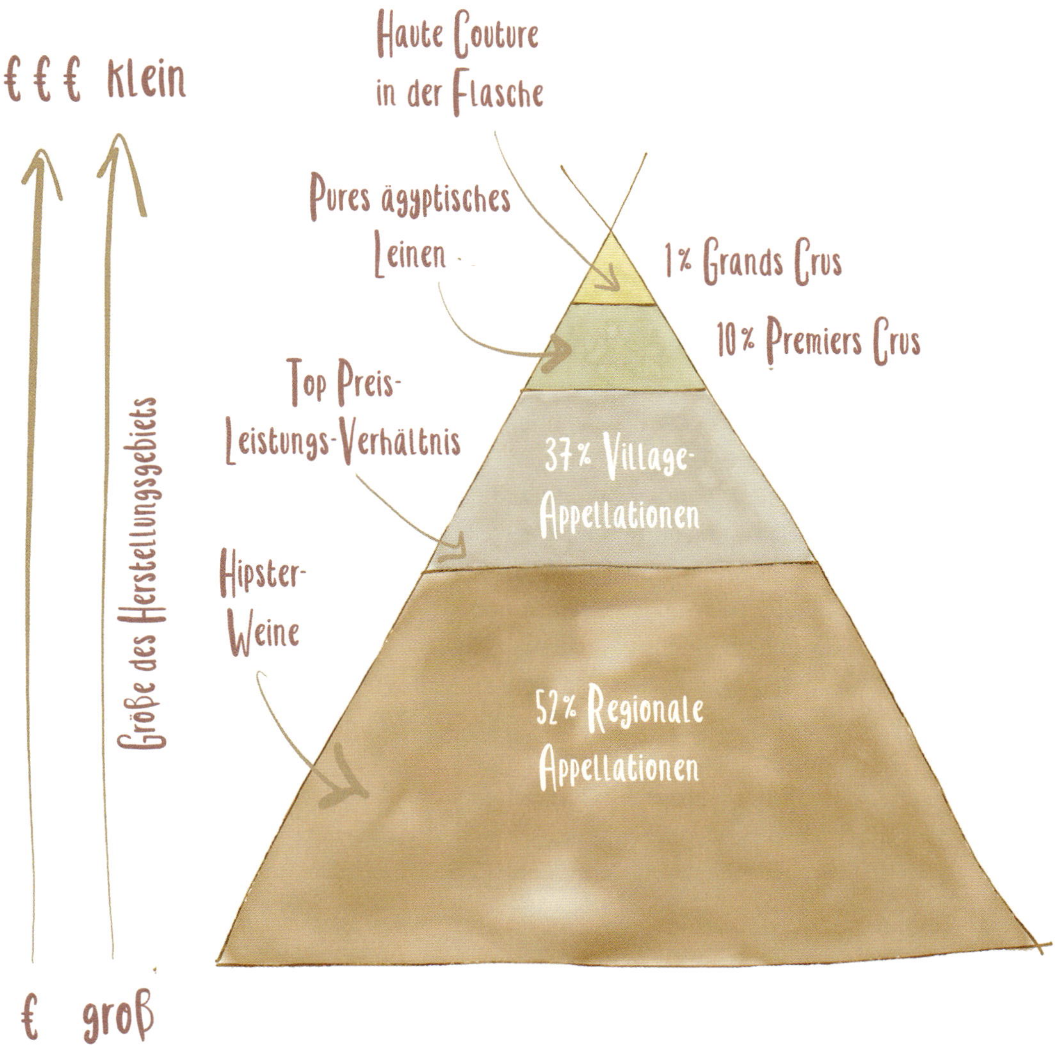

GG®

Deutschland

Ein ominöses GG auf der Weinflasche steht nicht für Galanter Gangster, obwohl es sich ein wenig so anfühlen mag. GG bedeutet »Großes Gewächs«.

In Deutschland ist die Klassifikation als »Großes Gewächs« von vergleichbarer Bedeutung wie »Grand Cru« in Frankreich. Genauer gesagt, stellt die Bezeichnung »VDP Großes Gewächs« die höchste Klassifikationsstufe für trockene Qualitätsweine dar. Produzenten, die Mitglied des Verbandes Deutscher Prädikats- und Qualitätsweingüter (VDP) sind, müssen, um dieses Gütesiegel zu erhalten, unter anderem folgende Anforderungen erfüllen:

- Erntemenge auf 50 Hektoliter pro Hektar beschränkt
- Ausschließlich traditionelle Rebsorten des jeweiligen Anbaugebiets (z. B. Riesling oder Spätburgunder)
- Manuelle Weinlese

Schweiz

Was viele nicht wissen: Die Schweiz verfügt ebenfalls über Grand-Cru-Lagen: Neben Dézaley und Calamin im Waadtland sind es im Wallis z. B. Salgesch, Vétroz und Fully.

Für die Klassifizierung als Grand Cru müssen 90 Prozent der Trauben aus dem Produktionsort oder der Erzeugergemeinde stammen, die Trauben müssen 5 Grad Öchsle höher als der Durchschnitt aufweisen, und die Lagen müssen zwingend AOC-Status haben.

Weil Klassifikationen nicht zum Schweizer Weinkulturerbe gehören, landesweit nie wirklich eingeführt, geschweige denn gelebt wurden und danach auch keine besondere Nachfrage besteht, haben diese Lagenbezeichnungen keine weitere Relevanz. Ganz in meinem Sinne: Keep it simple.

Geschwurbel

Neben den im Vorangehenden beschriebenen Bezeichnungen, die auf einem klar festgelegten (wenn auch manchmal nur historisch bedingten) Klassifizierungssystem beruhen, werden Etiketten oft mit allerlei weiteren schmückenden Bezeichnungen versehen. Ein paar Beispiele gefällig?

- Prestige: Keine genau feststehende Bedeutung. Es wirkt zwar nicht übertrieben aufgesetzt, aber schon ein bisschen etepetete.

- Vin du Patron, Réserve du Patron: Vor allem in der Schweiz oft in Gebrauch. Bezeichnet in der Regel den hochwertigsten und meistens auch teuersten Wein im Sortiment eines Weinguts. – Höchste Zeit für eine »Réserve de la Patronne«.

- Grand Vin: Steht für das, was der Name besagt, für einen »großen«, qualitativ herausragenden Wein, idealerweise den besten im Sortiment eines Weinguts. Richtlinien oder gesetzliche Vorgaben für diese Bezeichnung gibt es keine. Klingt einfach gut und verleiht Gewicht.

- Alte Reben: Alte Reben mit einem tief reichenden und weit ausladenden Wurzelnetz können komplexe Weine ergeben. Dass der Wein tatsächlich von solchen Reben stammt, wird jedoch nicht überprüft; Sie müssen dem Produzenten einfach glauben, oder Sie besuchen das Weingut mal persönlich und schauen sich diese »alten Reben« an. Es gibt kaum etwas Faszinierenderes in der Weinwelt als sechzigjährige Rebstöcke – knorriger sind nur noch die Gesichter der Ü-80-Winzer. Mehr zu alten Reben lesen Sie auf Seite 102f.

Hefe, Holzfass, Edelstahltank

Hefe

Bei Weißweinen findet man ab und zu auf dem Rückenetikett oder in der Beschreibung auf der Weinkarte den Hinweis:

- Auf der Hefe ausgebaut
- Reife auf der Feinhefe
- Sechs Monate auf der Hefe gelagert
- Sur Lie

In diesem Fall können Sie davon ausgehen, dass der Wein Aromen von Brioche oder Croissant aufweist, tendenziell eher säurearm ist und im Gaumen fülliger wirkt. Diese Geschmackseigenschaften entstehen durch die nach der Fermentation im Wein verbliebenen Hefereste. Die Hefereste werden bei diesem Verfahren nicht sofort herausgefiltert – der Weißwein reift auf der Feinhefe weiter aus. Oft wird das Sur-Lie-Verfahren auch für Schaumweine genutzt.

Röstaromen

Bei Rotweinen trifft man auf dem Rückenetikett oder in der Beschreibung auf der Weinkarte oft auf Begriffe wie:

- Röstaromen
- Getoastetes Holz
- Toastaromen
- Barriquenoten
- Vanille, Karamell, Zimt, Schokolade
- Baking Spice (Backgewürze)

Etwas seltsam mag einigen der Begriff »baking spice« auf Etiketten von Weinen aus der Neuen Welt erscheinen. Damit ist jedoch nichts anderes gemeint als die bekannten Aromen wie Vanille, Karamell, Zimt, Schokolade, Nelken, Kardamom oder Muskatnuss. Diese Aromen stammen nicht von der Traubensorte, sondern finden über das geröstete Holz des Fasses den Weg in den Wein.

Sur Lie

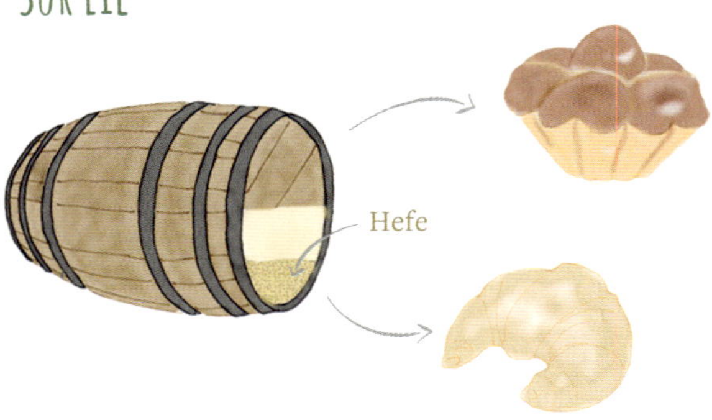

Baking Spices

Krasse Röstaromen können an einen Vanille-Karamell-Mocaccino erinnern.

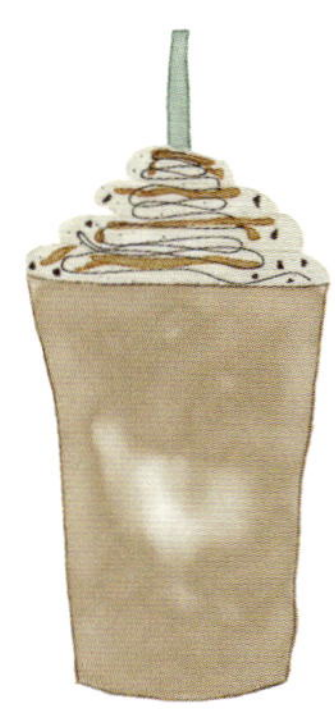

Für einen Ausbau im Holzfass entscheidet sich die Önologin, der Önologe, wenn der Wein eine gewisse körperreiche Dichte, genügend Säure, ausgeprägte Tannine und Lagerungspotenzial aufweist. Ein solcher Wein kann es mit den Röstnoten des Holzes aufnehmen und wird dadurch eventuell noch komplexer in seiner Struktur.

Zum Rösten (auch »Toasten« oder »Toasting« genannt) werden die Fässer, bevor sie endgültig zusammengesetzt werden, über ein Feuer gestellt und so die Innenflächen der Dauben (Fasswände) angeröstet oder abgeflämmt. Unter der Hitzeeinwirkung karamellisiert der im Holz enthaltene Zucker. Je stärker das Holzfass getoastet wird, desto intensiver werden die Röstaromen, die es dann auch an den Wein abgibt: von Vanille bis zu Gewürznoten wie Nelke, von Karamell, Kaffee und Schokolade bis zu Holzkohle- oder Rauchnoten.

Um fruchtbetonte Weine oder generell Weine ohne Holzeinfluss zu erhalten, verzichtet man beim Weinausbau auf den Fasseinsatz und lässt den Wein im Edelstahltank reifen.

Gut zu wissen:
Mit Weinen aus der Neuen Welt sind solche aus Nordamerika, Südamerika, Südafrika, Australien und Neuseeland gemeint.

Alte Reben

Das Alter der Reben hat unbestreitbar einen Effekt auf die Qualität des Weins. Ein großer Teil der schönsten Weine der Welt stammt von Rebstöcken, die ab fünfzig und bis über hundert Jahre alt sind. Dementsprechend ist auch die Bezeichnung »Alte Reben«, »Vieilles Vignes« oder »Vigne Vecchie« auf dem Flaschenetikett oder in der Weinbeschreibung ein Hinweis auf eine besonders hohe Qualität.

Alte Reben profitieren von einem tiefen und weit ausladenden Wurzelsystem. Dadurch kann die Rebe mehr Mineralstoffe (Nährstoffe) aufnehmen, optimal gedeihen und konzentrierte, komplexe Trauben hervorbringen. Alte Reben ergeben zwar im Vergleich zu jungen eine geringere Menge Trauben, diese sind aber meistens dichter, inten-

siver und geschmackvoller, weil die ganze Kraft der Rebe in eine geringere Anzahl Trauben geht. Alte Reben sind zudem sehr widerstandsfähig gegenüber Trockenheit und Überschwemmungen. Sie sorgen so für Beständigkeit in der Qualität und beugen Ernteeinbussen vor.

In der Regel nehmen die Erträge der Weinstöcke im Alter von 25 bis 40 Jahren zunehmend und deutlich ab. Ist die Qualität der verbliebenen Trauben immer noch gut, werden die Rebstöcke weiter erhalten und gepflegt. Bringt die Rebe jedoch keinen genügenden Ertrag und/oder keine genügende Qualität mehr hervor, muss sie ersetzt werden.

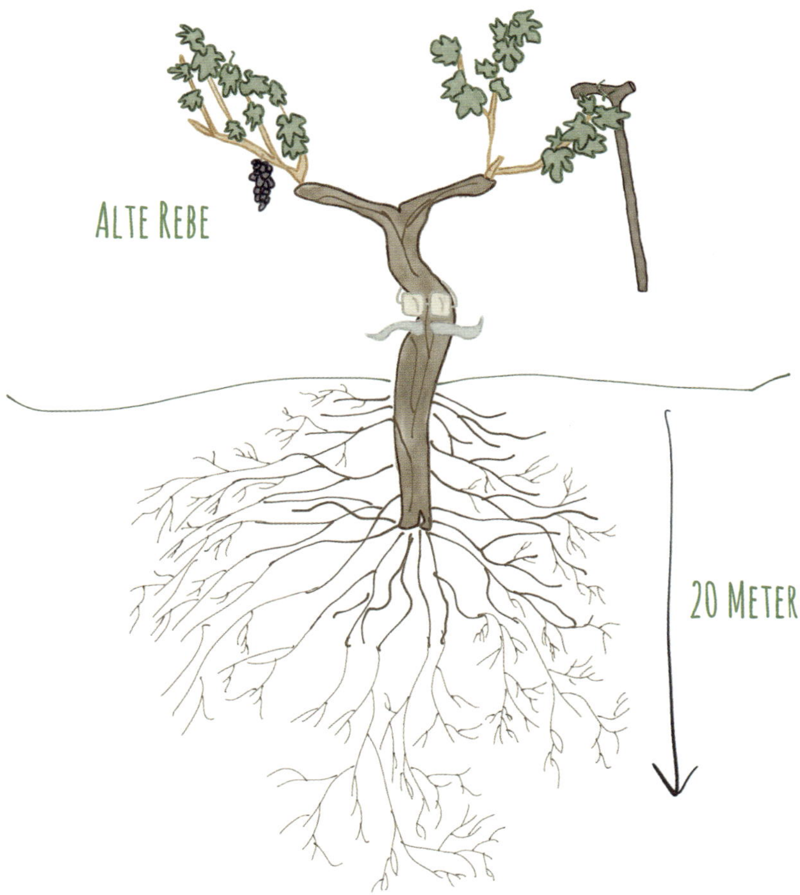

Zucker-Hinweise

Edelfäule

(Botrytis cinerea)

Der Pilz perforiert die Schale der Trauben, Wasser verdunstet, Zucker und Aromen konzentrieren sich.

Verschiedene Begriffe auf dem Etikett oder manchmal auch auf der Weinkarte beziehen sich auf den Zuckergehalt oder Rest-zucker des Weins. Restzucker ist jene Zuckermenge, die während der alkoholischen Gärung durch die Hefe nicht vollständig in Alkohol verwandelt wurde und im Wein erhalten bleibt.

Auch trockene Weine weisen noch einen bestimmten Gehalt an Restzucker auf, weil bei der alkoholischen Gärung der Zucker nie zu hundert Prozent in Alkohol umgewandelt wird. Ein trockener Stillwein (also einer ohne Bubbles) darf bis zu 4 Gramm Zucker pro Liter enthalten. Diese 4 Gramm nehmen wir jedoch nicht wahr. Erst ab etwa 7 Gramm können wir Süße im Wein schmecken. Bei trockenen Weinen nimmt man übrigens die Säure eher wahr, während sich in süßeren Weinen Süße und Säure oft die Waage halten.

Um einen Süßwein herzustellen, gibt es ganz grob zwei Vorgehensweisen:

Eiswein

Wasser in den Trauben gefriert, Zucker und Aromen konzentrieren sich.

1. Die alkoholische Fermentation unterbrechen

Die Gärung wird gestoppt, bevor die Hefe den gesamten Traubenzucker in Alkohol umgewandelt hat. Dazu gibt es verschiedene Verfahren: Abkühlung des Weins, Zugabe von Schwefeldioxid, Abfiltrieren der Hefe oder Zugabe von hochprozentigem Alkohol. Je früher eingegriffen wird, desto süßer der Wein.

Beispiele: Moscato d'Asti, Portwein, Madeira, Vin Doux Naturel

2. Extrasüße Trauben ernten

Werden Trauben mit sehr hohem Zuckergehalt spät geerntet, sind sie von Edelfäule (Botrytispilz) befallen oder gefroren, kann während der Gärung nicht der gesamte vorhandene Traubenzucker in Alkohol umgewandelt werden, da der im Lauf der Gärung entstehende Alkohol die Arbeit der Hefen (Zucker fressen) zu stark hemmt. So bleibt der Zucker auf natürliche Art und Weise im Wein zurück.

Beispiele: Auslese bis Trockenbeerenauslese, Eiswein, Sauternes, Vin Santo, Tokajer

Süssestufen bei Weisswein

Mögliche Hinweise auf Etikett	Vorgang	Geschmack
Kabinett	Feine, leichte Weine aus reifen Trauben mit geringem Alkoholgehalt	Trockener, leichter, erfrischender Wein
Spätlese	Reife Weine aus etwas später geerntetem Traubengut	Nicht immer süß, kann auch trockener Wein sein; elegante, feine Weine, fruchtig (Apfel, Mirabelle, Aprikose)
Auslese	Süße Weine aus vollreifem, oft edelfaulem und selektivem Traubengut	Intensiv süß, fruchtig (Quitte), exotisch (Melone, Litschi, Mango)
Beerenauslese	Süße Weine aus überreifen oder von Edelfäulnis (Botrytispilz) befallenen Traubenbeeren, die vor dem ersten Frost einzeln von der Traube gelöst werden	Fülliger, weicher Wein; Aromen von Honig, Feigen, Karamell, kann auch etwas würzig schmecken
Vin Santo	Süßer Wein aus auf Strohmatten oder luftgetrockneten Trauben, wodurch der Zucker sich stark konzentriert	Würzig (Aprikose, Honig, Blumen, Vanille), erhöhter Alkoholgehalt (kann auch aus Sangiovese hergestellt werden)
Trockenbeerenauslese	Süße Weine aus hundert Prozent von Edelfäulnis befallenen Trauben (sehen aus wie Rosinen, mit konzentriertem Zucker)	Opulenter, extraktreicher Wein mit sehr geringem Alkoholgehalt, intensiv süß, Aromen von Honig, Orangenschalen, reifem Pfirsich
Sauternes	Süße Weine aus hundert Prozent von Edelfäulnis befallenen Trauben (sehen aus wie Rosinen, mit konzentriertem Zucker)	Samtiger Wein, Aromen von Zitrus, Honig und kandierten Früchten
Tokajer süß	Süße Weine aus hundert Prozent von Edelfäulnis befallenen Trauben (sehen aus wie Rosinen, mit konzentriertem Zucker)	Intensiv aromatischer Wein, würzig, Aromen von Mandeln, Haselnüssen und Vanille
Eiswein	Süße Weine aus gefrorenen, bei -7 °C geernteten Trauben, wodurch Zucker und Fruchtsäuren sich stark konzentrieren	Fruchtig (kandierte Früchte, z. B Ananas), süß, kräftige Säure, sehr geringer Alkoholgehalt

Süssestufen bei Rotwein

Süße Rotweine sind viel weniger bekannt als süße Weißweine; die Nachfrage danach ist eher gering.

Mögliche Hinweise auf Etikett	Vorgang	Geschmack
z. B. Spätburgunder lieblich	Reife Weine aus etwas später geerntetem Traubengut (18–45 g/l Restsüße)	Samtiger Wein, milde Säure, Aromen von Beeren
z. B. Dornfelder süß	Reife Weine aus etwas später geerntetem Traubengut (ab 45 g/l Restsüße)	Körperreicher Wein, milde Säure, Aromen von Schokolade, Kirsche
Portwein	Gärender Traubenmost wird mit hochprozentigem Alkohol aufgespritet, wodurch der gewünschte Restzucker erhalten bleibt	Wein mit höherem Alkoholgehalt
Recioto (gut zu Desserts)	Wein aus an der Luft oder auf Strohmatten getrockneten Rotweintrauben, in denen sich der Zucker stark konzentriert hat	Aromen von Sauerkirsche, Beerengelee, Dörrpflaume

Gut zu wissen:
Rotwein wird allgemein, auch bei objektiv gleichem Restzuckergehalt, als weniger süß wahrgenommen als Weißwein, weil er Tannine besitzt, die die Süße neutralisieren.

Zuckerbarometer für Schaumweine

Süss

	Sekt	Französische Schaumweine	Prosecco	Cava
mind. 50 g/l	Süß	Doux	Demi Sec	Dulce
32–50 g/l	Halbtrocken	Demi Sec	Demi Sec	Semi Secco
17–32 g/l	Trocken	Sec	Dry	Seco
12–17 g/l	Extra trocken	Exra Sec	Extra Dry	Extra Seco
0–12 g/l	Herb	Brut	Brut	Brut
0–6 g/l	Extra herb	Extra Brut	Brut	Extra Brut
0–3 g/l	Naturherb	Brut Nature	Brut	Brut nature

Überhaupt nicht süss, knochentrocken

Höhenmeter-Angaben

Oft finden sich auf dem Rückenetikett genaue Höhenmeter-Angaben, wie etwa: »Unsere Reben gedeihen auf 500 m ü. M.« Dies im Sinne eines Qualitätsmerkmals, denn in der Höhe gedeihen Reben besonders gut. Diese Angaben sind allerdings nicht verifiziert; man muss dem Produzenten einfach vertrauen.

Anhöhen und Hänge bieten gegenüber dem Talboden drei entscheidende Vorteile, die sich auf die Qualität des Weins auswirken:

EINFLUSS DER HÖHENLAGE

Sonne sorgt für Fruchtzucker, Kälte bewahrt Säure.

1. Direktere und konzentriertere Sonneneinstrahlung: fördert Tannine, ergibt lagerfähige Weine.

2. Starke Temperaturschwankungen: Dank intensiver Sonneneinstrahlung produzieren die Trauben genügend geschmacksverstärkende Zucker, während die kalten Nächte dafür sorgen, dass die Trauben ihre Säure und Komplexität bewahren.

3. Gute Drainage: Wasser ist ein Schlüsselelement des Terroirs, sowohl die Fähigkeit des Bodens, Wasser zu speichern wie abzuleiten. Bei guter Drainage dringt das Regenwasser in den Untergrund ein und verteilt sich im Boden. Gestautes Wasser kann für die Rebe das Ende ihrer Karriere bedeuten.

PREIS

Ich weiß, was Sie hier lesen wollen: Sie erwarten ganz konkrete Angaben zum Preisrahmen für Weine, zum Beispiel: Alle Weine im Supermarkt unter 7 Euro sind ungenießbar. Oder: Ein Wein für 120 Euro beim Fachhändler ist total überteuert. Doch leider gibt es keine solchen absoluten und ein für alle Mal geltenden Anhaltspunkte. Es heißt hier einmal mehr: Learning by drinking und seine eigenen Erfahrungen machen. Das bedeutet auch, dass man ab und zu mal danebengreift. So ist das Weinleben eben. Richtig hart.

Viele von uns sind Schnäppchenjäger, hoffen auf den Superwein zum Superpreis beziehungsweise fürchten, über den Tisch gezogen zu werden. Bei Wein ist diese Angst noch größer, weil die Wahl eines Weins, den man noch nicht kennt, immer ein gewisses Risiko birgt.

Überlegen Sie sich vorab folgende Fragen:

- Was ist Ihnen ein Wein wert?
- Wo ist preislich Ihre persönliche Schmerzgrenze?
- Zu welchem Anlass, welchem Ereignis ist der Wein vorgesehen?
- Wissen Ihre Gäste bzw. die Person(en), für die Sie den Wein auswählen, einen komplexen und etwas teureren Wein wirklich zu schätzen?

FAKTOREN, DIE DEN PREIS BEEINFLUSSEN

Ganz generell kann man sagen, dass ein guter und interessanter Wein einige Voraussetzungen zu erfüllen hat: Naturschonender und sorgfältiger Weinbau, Handlese, gesunde Trauben, sauberes Arbeiten im Weinkeller (der gut in Stand gehalten und hygienisch einwandfrei sein muss), das entsprechende Know-how – all diese Voraussetzungen, die es für einen guten Qualitätswein braucht, haben ihren Wert und damit auch ihren Preis.

Im Einzelnen beeinflussen folgende Faktoren den Preis des Weins:

Terroir

Es gibt bestimmte Bodenzusammensetzungen und (Mikro-) Klimata, die qualitativ besonders hochwertige Weine hervorbringen. Diese speziellen Orte sind eher rar und räumlich beschränkt, finden sich aber weltweit. Zum Teil sind diese Orte als eigene Appellationen, also als geschützte Herkunftsbezeichnungen, klassifiziert, wie zum Beispiel Margaux (Bordeaux), Oakville (Kalifornien) oder Romanée-Conti (Burgund). Um diese Herkunftsbezeichnungen führen zu dürfen, müssen die Produzenten bestimmte Vorgaben erfüllen und sich an genaue Regeln halten (siehe auch Seite 60ff.); daher dürfen diese Weine auch mehr kosten. Solche Weine finden Sie vor allem im Fachhandel.

Statt viel Geld für Erzeugnisse aus den renommierten Weinregionen mit großen Namen auszugeben, lohnt es sich übrigens, nach Spitzenweinen aus gleich angrenzenden Weinbaugebieten Ausschau zu halten; sie profitieren oft von ganz ähnlichen klimatischen und Bodenbedingungen, sind aber für weniger Geld erhältlich.

Rebbau

Was den Rebbau anbelangt, haben in erster Linie die Lage und die gewählte Anbaumethode einen Einfluss auf den Preis. Es gibt Steilhänge, die keinen maschinellen Einsatz erlauben, sondern die Winzer zwingen, alle Arbeiten von Hand auszuführen (Zweige schneiden, düngen, ernten). Sorgfältige manuelle Arbeit sichert die Qualität, bedingt aber auch höhere Personalkosten.

Hinzu kommt die Frage der Anbaumethode: Biologischer Anbau? Teurer. Biodynamischer Anbau? Teurer. Diese Faktoren haben aber alle wiederum einen positiven Einfluss auf die Qualität des Weins. Kurz gesagt: Hoher Aufwand, hohe Kosten, hoher Preis, hoher Genuss.

Einen Einfluss hat auch die angepflanzte Traubensorte. Für jedes Land, jede Region bestimmt die Weinlese- und Weinhandelskontrolle darüber, wie viel Kilogramm Trauben pro Quadratmeter geerntet werden dürfen. Je nach dem daraus erzeugten Wein kann es sein, dass bei gleichbleibendem Aufwand ein kleinerer Ertrag erzielt wird, was wiederum den Preis erhöhen kann.

Schließlich schlagen sich auch die Lohnkosten im Preis nieder. Wie Weinkennerin Charlotte Pauk schreibt, kann ein Erntehelfer in der Schweiz bis zu 30 Euro pro Stunde verdienen, während es in Frankreich zum Teil 9 Euro pro Stunde sind.

Weinherstellung

Die Art des Weinausbaus im Keller hat einen bedeutenden Einfluss auf die Preiskalkulation. Wird der Wein im Holzfass ausgebaut (gereift), kann der Preis pro Flasche um rund 3 Euro steigen. Ein Eichenholzfass kostet zwischen 500 und 1000 Euro. Oft werden die Fässer nach vier bis fünf Jahren, sobald das Holz keine Röstaromen mehr abgibt, ersetzt. Kommt hinzu, dass während der Zeit der Lagerung im Fass zwischen 3 und 5 Prozent der Weinmenge durch Verdunstung verloren gehen. Der Ausbau in Edelstahltanks ist demgegenüber die günstigere Methode.

Auch die Dauer der Lagerung im Fass oder im Tank spielt eine Rolle. Je länger der Wein reift, desto teurer wird er. Denn: Lagerung gleich Kosten. Durch einen längeren Ausbau im Keller wird der Wein weicher und geschmeidiger, was wiederum die Qualität erhöht und dann natürlich ebenfalls den Preis.

Verpackung

Hier begeben wir uns auf das Feld des Marketings. Etikett und äußeres Erscheinungsbild der Flasche spielen eine nicht unwesentliche Rolle und wirken sich auch auf den Preis aus. Glänzende Kapsel, schwere Flasche, dickes Papier, serigrafiertes Glas, erhabene Schrift, Glanzlack, Maschendraht – je hochwertiger das Material von Kapsel, Korken, Etikett und Flasche, desto teurer der Wein. Jeder Winzer, jede Winzerin muss für sich selbst entscheiden, wie viel er oder sie dafür investieren will, was und wie viel notwendig ist, um den Wein nach außen zu repräsentieren.

Ein schmaler Grad für alle, auch für Sie. Seien Sie sich bewusst, dass eine aufwendige und edle Verpackung in erster Linie Marketing ist. Dabei wird der Nachhaltigkeitsgedanke oft großzügig ignoriert. Weniger ist mehr.

Übrigens: Drehverschlüsse stehen nicht für minderwertigere Weine und Korken nicht zwingend für Qualitätsweine. Praktisch alle Weine, die heute im Supermarkt erhältlich sind, könnten gut mit Drehverschlüssen auskommen. Nur die wenigen tatsächlich lagerfähigen Weine, die nach fünf oder mehr Jahren noch besser werden – sie machen rund ein Prozent aller auf dem Markt erhältlichen Weine aus –, profitieren von Korken. Diese Weine benötigen eine langsame und stetige geringe Luftzufuhr, um sich voll entfalten zu können; dies wird durch den Korken gewährleistet. Wieso es noch so viele Korkverschlüsse gibt? Ganz einfach: Weil wir gerne an romantischen, traditionellen, nostalgischen Bildern festhalten.

Zusatzkosten

Beim Import von Wein fallen weitere Kosten an, wie Zollabgaben, Einfuhrbewilligung, Transportkosten, die sich ebenfalls auf den Endverkaufspreis niederschlagen können.

Gut zu wissen:
Der Preis sagt nicht immer etwas über die Qualität aus. Der teuerste Wein ist nicht der beste Wein, und auch ein günstiger Wein kann positiv überraschen.

Image und Marktfaktoren

Wie bei anderen Luxusgütern spielen auch beim Wein Image und Status eine Rolle. Einige Weinproduzenten konnten sich über Jahrzehnte, wenn nicht gar Jahrhunderte einen Namen schaffen, der für sich allein bereits einen Markenwert darstellt. Auch das ist harte Arbeit und muss erst verdient sein. Oft kommt die Anerkennung aus dem Ausland, durch internationale Nachfrage oder Bewertungen renommierter Instanzen wie Robert Parker oder Zeitschriften wie dem »Wine Spectator«. Dies schlägt sich dann in einem entsprechend hohen Preis nieder.

Dabei bleibt die Frage, wie viel besser ein Wein für 120 Euro gegenüber einem für 60 Euro schmeckt. Schmeckt er effektiv doppelt so gut? Und schmeckt ein 100-Euro-Wein tatsächlich zehnmal besser als ein 10-Euro-Wein? Diese Frage kann sich nur jeder Weingenießer, jede Weingenießerin selbst beantworten.

Last but not least wirken sich Angebot und Nachfrage auf den Preis aus. Bei klimatisch begünstigten Spitzenjahren mit entsprechend hoher Weinqualität steigt die Nachfrage nach diesen Jahrgängen (z. B. 2008 in der Champagne) und damit auch der Preis. Preistreibend wirkt zudem eine Beschränkung der Menge des Angebots. Produziert ein Topweingut nur 3000 Flaschen von seinem Bestsellerwein, kann man darauf wetten, dass das Angebot zu knapp ist, um der Nachfrage nachzukommen, und voilà: Der Preis steigt. Sammlerinnen und Weinfreaks beginnen dann zu hecheln und folgen dem Impuls: Muss haben!

Wein ist eben nicht nur Kulturgut und Genussmittel, sondern hat auch viel mit Lifestyle und Lebensgefühl zu tun.

PRÄMIERUNGEN UND PROMOTIONEN

Nun stehen wir also im Supermarkt vor einem Weinregal in der Größe einer Kinoleinwand und werden von allen Seiten mit Hinweisen auf Promotionen und Prämierungen bombardiert. Flaschenanhänger, Regal-Banner und goldene Sticker fliegen uns um die Ohren wie Mücken in einer lauen Sommernacht. Was hat es damit auf sich, und wie sind sie in Bezug auf die Weinqualität einzuordnen?

Sind Weine im Sonderangebot überaltert, haben sie ihren Zenit überschritten?
Es gibt verschiedene Gründe, wieso Weine vergünstigt im Angebot sind:

- Ein Wein soll an Bekanntheit gewinnen. Der Rabatt soll zum Kauf verführen, damit der Wein den Weg zum Kunden findet.
- Zu großer Bestand. Es wurde zu viel von einem Wein eingekauft, und im Lager soll Platz geschaffen werden.
- Alten Jahrgang abverkaufen. Dabei darf der Wein aber nicht seinen Zenit überschritten haben, denn minderwertige Qualität schadet der Marke.

An Sonderangeboten sind oft Händler und Weinproduzent gemeinsam beteiligt; beide Seiten verzichten zum Beispiel auf 10 Prozent ihrer Marge, um den so vergünstigten Wein einer breiteren Käuferschaft schmackhaft zu machen. Überzeugt der Wein, besteht Hoffnung auf einen Zweitkauf oder regelmäßigen Nachbezug.

Weshalb haben so viele Weine eine Prämierung, und welche Bedeutung hat diese?
Mithilfe von Auszeichnungen – zum Beispiel als »Bester Rotwein Italiens« – wollen Produzenten und Händler den Konsumenten den Weinkauf erleichtern. Solche Hinweise können helfen, wenn man dadurch seinen neuen Lieblingswein entdeckt.

Doch Problem Nummer 1 ist, dass es heute zu viele dieser Auszeichnungen gibt. Praktisch jedes Land, jede Region, jeder Weinverband, jede Weinzeitschrift und jeder Weinexperte vergeben mittlerweile Punkte und Auszeichnungen. Es wimmelt an goldenen, silbernen und bronzenen Medaillen, die in ihrer schieren Menge eher verwirren, als dass sie bei der Auswahl eines Weins helfen.

Problem Nummer 2 ist, dass viele dieser Bewertungen wenig transparent sind. Wurden die Weine wirklich blind verkostet? Wer hat sie überhaupt verkostet? Wird nach objektiven Kriterien oder nach subjektivem Eindruck bewertet? Und ist dabei Geld im Spiel?

Daher gilt ganz grundsätzlich der Rat, bei Weinauszeichnungen Vorsicht walten zu lassen und sie kritisch zu hinterfragen. Letztlich zählt Ihr Geschmack, Punkte und Auszeichnungen werden daran nichts ändern.

Selber probieren geht über Prämierung

Es ist nicht alles Gold, was glänzt.

BEIM FACHHÄNDLER

Viele Weininteressierte und vor allem Weinanfänger haben großen Respekt, um nicht zu sagen Hemmungen vor einem Besuch beim Weinfachhändler oder der Weinfachfrau. Man könnte sich ja so was von blamieren! »Was, wenn ich etwas Peinliches sage?« »Was ist, wenn ich nichts finde oder mich nicht entscheiden kann – wie komme ich dann wieder aus dem Laden?« »Was ist, wenn mir etwas aufgeschwatzt wird. Ich habe ja keine Ahnung. Mir könnte man alles verkaufen.«

Sie können sicher sein, dass Ihr Besuch beim Weinfachhändler hoch willkommen ist. Ich weiß das, weil ich selbst im Weinfachhandel tätig bin und einen eigenen Laden führe. Jede Weinberaterin freut sich über Kunden, die Weinkompetenz im Spezialitätengeschäft suchen, anstatt sich irgendeine Flasche aus dem Supermarktregal zu greifen.

1. Machen Sie sich bewusst, dass Sie in den Laden gehen, um etwas zu lernen. Seien Sie offen, und sagen Sie ehrlich, was Sie brauchen beziehungsweise wie Ihre Ausgangslage ist:

- »Ich war noch nie in einem solchen Laden. Schön hier.«
- »Ich habe keine Ahnung von Wein. Ich lasse mich gerne von Ihnen begleiten und beraten.«

2. Geben Sie der Beratung im Laden ein paar Anhaltspunkte:

- Ihr Budget: zum Beispiel einen Wein, der zwischen 15 und 20 Euro kostet.
- Den Grund für Ihren Weinkauf:
  - Ihr Partner will Paella kochen.
  - Sie sind bei Ihrer Chefin eingeladen, die ein großer Fan von Weinen mit Stachelbeeraromen ist.
  - Ihr Team hat Mist gebaut.
  - Sie haben noch größeren Mist gebaut.

3. Falls Sie tatsächlich nichts Passendes finden, sagen Sie einfach: »Vielen Dank für Ihre Beratung/ Ihre Zeit. Ich kann mich zu diesem Zeitpunkt einfach noch nicht entscheiden. Ich schaue mal weiter, und sonst bis bald wieder.«

Was Sie im Fachhandel bekommen:

- Spezielle Jahrgänge oder sogar Raritäten
- Weine aus speziellen Regionen/ von speziellen Terroirs oder Mikroklimata
- Weine, die nicht überall erhältlich sind
- Gute Beratung und fundierte Weinkompetenz (inklusive Empfehlungen für Food-Wine-Pairings)

- Welche Weine Sie mögen:
  - Sie mögen Weine aus dem Bordeaux, wünschen sich jedoch ab und zu eine preiswerte, im Stil vergleichbare Alternative.
  - Sie sind ein großer Barolo-Liebhaber, wollen aber nicht immer das Gleiche trinken und suchen etwas Ähnliches aus einer anderen Region.
  - Und auch wenn Sie bisher kein Fan von Pinot Noir oder holzbetonten Weinen waren, seien Sie offen für alles. Pinot ist nicht gleich Pinot. Und nicht alle im Holz ausgebauten Weine schmecken auch nach Holz.

WEIN IM RESTAURANT WÄHLEN

»Wem darf ich die Weinkarte geben?«, fragt der Kellner in die Runde. Vielsagendes Schweigen. Vor zwei Minuten wurde noch laut palavert und über den Verkehr geschimpft, doch jetzt wäre selbst der Flügelschlag eines Schmetterlings zu erlauschen. Die Weinkartenfrage fühlt sich immer so an, als würde ein Tabuthema angeschnitten. Bloß nicht weiterreden, bloß nicht den Blick erheben.

Selten bis nie streiten sich zwei oder mehrere Tischnachbarn um die Weinkarte. Meistens wandert die Karte schließlich immer zum gleichen Kollegen, zur gleichen Kollegin, oder irgendjemand fühlt sich gezwungen und nimmt die Karte in Empfang. Widerwillig und bald mit Schweißperlen auf der Stirn.

Es gibt keine Anleitung, wie man im Restaurant den perfekten Wein auswählt. Aber ich kann Ihnen ein paar Tipps dazu geben, sodass Sie sich immerhin an zwei, drei Rettungsringen festhalten können.

WEIN AUSWÄHLEN

Leider gibt es keinen magischen Lösungsschlüssel, wie man den perfekten Wein auswählt, der erst noch zu jedem der bestellten Gerichte passt. Eine umfangreiche Studie, die ich für meine Weinhandlung Edvin Weine durchgeführt habe, ergab, dass viele besessen sind von der Frage, welcher Wein zu welchem Essen passt. Ihr größter Wunsch wäre, dass gleich auf der Weinkarte an Ort und Stelle vermerkt ist, wozu der betreffende Wein passt.

Dass der Wein zum Essen passen soll, ist wichtig und richtig. Aber egal welche Kombination, habe ich noch nie ein Food-Wine-Pairing erlebt, das abscheulich geschmeckt hätte oder ungenießbar gewesen wäre. Wein und Essen stehen für puren Genuss und Freude, und dabei kann man gar nicht so viel falsch machen. Schließlich ist das Ganze wie so oft auch eine Frage des persönlichen Geschmacks.

Im Kapitel zu Weincharakter und Food Pairings (Seite 54–59) haben Sie bereits eine Menge konkrete Tipps erfahren, worauf beim Kombinieren zu achten ist. Diese gelten natürlich auch für die Weinbegleitung zu Restaurantgerichten.

Wählen Sie vor allem einen Wein aus, auf den Sie Lust haben. Und lassen Sie sich bei der Wein-und-Speisen-Kombination von der Bedienung beraten.

- »Dieser Wein hier interessiert uns sehr. Passt er zu dem, was wir bestellt haben?«

- »Dieser Wein klingt echt spannend. Würde er zu den von uns ausgewählten Gerichten passen, oder können Sie etwas Ähnliches empfehlen, das besser passt?«

Allgemeine Tipps, bevor es losgeht

Bevor es ans Eingemachte geht, finden Sie hier ein paar ganz allgemeine Informationen, die Sie immer und überall anwenden können und die Sie kennen sollten.

- Eine normale Weinflasche enthält 0,75 l bzw. 7,5 dl Wein. 1 Flasche ergibt somit für eine siebenköpfige Gruppe pro Kopf ein Glas à 1 dl.

- By the glass, also glasweise Wein zu bestellen, ergibt nur dann Sinn, wenn Sie allein ein Glas Wein genießen wollen oder wenn Sie an diesem Abend mehrere (zwei bis drei) Weine verkosten wollen, etwa weil das Angebot so interessant ist. Für eine ganze Gruppe ist eine glasweise Weinbestellung auch aus Kostengründen nicht empfehlenswert; eine Flasche zu bestellen, kommt günstiger.

Anzahl Gläser pro Flasche

- Ganz generell gilt bei der Food-Wein-Kombination die Regel:
  - Leichte Speisen – leichtere Weine
  - Deftige, schwere Speisen – körperreiche Weine (siehe Seite 45)
  - Scharfe Gerichte – süßliche Weißweine (siehe Seite 43) (oder – seien wir ehrlich! – einfach Bier)

- Champagner funktioniert immer. Er passt zu Chicken Wings ebenso wie zur Lauchsuppe.

Gut zu wissen:
Im Restaurant wird Ihnen pro Glas 1 dl eingeschenkt, zu Hause werden es eher 1,5 dl sein.

- Falls auf der Karte die Traubensorte nicht angegeben ist, fragen Sie nach, wenn es Ihnen hilft, eine Entscheidung zu treffen.

- Falls zum Hauptgang zwei verschiedene Weine in Frage kommen, bestellen Sie zuerst den besseren, hochwertigeren Wein. Den zuerst getrunkenen Wein nimmt man immer viel bewusster wahr als alles, was danach folgt. Mit jedem weiteren Wein noch mehr auftrumpfen zu wollen, wäre schade und lohnt sich nicht, da man im Verlauf des Abends immer weniger achtsam genießt beziehungsweise wahrnimmt.

- Um den richtigen Zeitpunkt des Bestellens in Hinblick auf die Serviertemperatur brauchen Sie sich nicht zu kümmern. Sagen Sie der Bedienung, welchen Wein Sie zur Vorspeise und welchen Sie zum Hauptgang möchten, und Sie werden ihn zur richtigen Zeit geöffnet und in der richtigen Temperatur serviert bekommen.

- Zu einem Abendessen trinkt man durchschnittlich etwa drei Gläser (3 dl), also fast eine halbe Flasche Wein.

Je nach Gruppengröße ist bei der Bestellung von folgenden Mengen auszugehen (bei Ausschank von 1 dl pro Glas):

2 Personen
Aperitif/Vorspeise: je 1–2 Gläser
Hauptgang: 1 Flasche

Falls Wein übrig bleibt, lassen Sie sich die Flasche verkorken und nehmen Sie sie mit nach Hause, oder lassen Sie den Rest stehen. Fühlen Sie sich nicht gezwungen, eine Flasche auszutrinken. Das Kampftrinken haben wir hinter uns.

4–6 Personen
Aperitif/Vorspeise: 1 Flasche
Hauptgang: 1–2 Flaschen
oder 1 Magnumflasche (1,5 l)

7–10 Personen
Aperitif/Vorspeise: 2 Flaschen
Hauptgang: 2 Flaschen oder
1 Magnumflasche (1,5 l)

11–13 Personen
Aperitif/Vorspeise: 2 Flaschen
Hauptgang: 3 Flaschen oder
1 Magnumflasche und falls nötig anschließend einzelne Flaschen

Ab 14 Personen lohnt es sich, sich von der Bedienung beraten zu lassen. Fragen Sie nach ihren Empfehlungen. Meistens wissen sie, welche Weine in ihrem Sortiment für Gruppen geeignet sind beziehungsweise welche in der Regel gut ankommen.

Gut zu wissen:
Sie müssen diese Mengen nicht auswendig lernen. Bestellen Sie den Wein, und lassen Sie die Bedienung die benötigte Anzahl Flaschen empfehlen.

Weinauswahl für zwei und mehr Personen

Nehmen wir an, Sie haben sich geopfert und die Weinauswahl übernommen. Dabei gilt es zuallererst, grundsätzlich zwischen zwei verschiedenen Szenarien zu unterscheiden:

- Handelt es sich um eine Zusammenkunft in vertrauter Runde mit Freunden und/oder Familie?
- Oder: Ist es eine eher neue Situation, mit Geschäftskollegen, einem Date oder Menschen, die Sie noch nicht gut kennen?

Im Bekanntenkreis darf man sich für die Weinauswahl etwas mehr Zeit lassen. Man kennt sich, und der eine oder die andere will sich eventuell in die Weinwahl mit einbringen. Bei einem Essen mit Geschäftskolleginnen oder neuen Bekannten sollte der Weinentscheid hingegen relativ schnell fallen; Sie können und wollen sich nicht eine halbe Stunde hinter der Weinkarte verschanzen, sondern sollten möglichst rasch wieder am Tischgespräch teilnehmen können.

Für beide Situationen rate ich davon ab, den Wein auf die Gerichte abstimmen zu wollen. Das überfordert nicht nur Sie, sondern auch alle Beteiligten und endet meistens in einem Fiasko. Wichtiger und erfolgversprechender ist, sich bei der Weinwahl darauf zu konzentrieren, dass der gewählte Wein möglichst allen mundet und nicht zu sehr polarisiert. Wer es trotzdem mit einem Food-Wein-Pairing probieren will, lässt sich am besten von der Bedienung beraten. Delegieren Sie das Problem!

Zum Aperitif oder zur Vorspeise

Zum Start in den Abend empfehle ich Ihnen einen Schaumwein, am besten einen aus der Region, einen Sekt oder einen Crémant zum Beispiel. Falls keine Lust auf Bubbles besteht, macht sich auch ein regionaler Weißwein immer gut.

Klassische Weine zum Aperitif sind etwa die folgenden:

- Chablis (Chardonnay)
- Grüner Veltliner
- Gelber Muskateller
- Riesling
- Roero Arneis
- Sauvignon Blanc
- Vermentino
- Weißburgunder/Pinot Blanc/ Pinot Bianco
- Chasselas/Gutedel
- Sherry trocken (Fino oder Manzanillo)

Weinauswahl unter Bekannten

Option 1: Nach Mehrheitsmeinung

Falls die Gruppe nicht allzu groß ist, fragen Sie die Teilnehmer der Tischrunde, welche Art Wein sie grundsätzlich mögen:

– Eher schwere, volle, kräftige Weine? Siehe Seite 45.

– Oder eher leichtere, weichere, rundere Weine? Siehe Seite 44.

Bei einer größeren Gruppe sollten Sie jedoch allein entscheiden, sonst droht die Sache auszuarten – plötzlich hat doch jede und jeder eine eigene Meinung. Immer gut: Halten Sie Ausschau nach einem regionalen Erzeugnis. Falls Sie nichts davon anspricht, weichen Sie auf mehrheitsfähige Weine aus. Damit sind nicht etwa einfache oder simple Weine gemeint, sondern Weine, die nicht durch stark ausgeprägte Eigenschaften (z.B. sehr präsente Tannine oder eine ausgeprägte Säure) polarisieren. Zu den mehrheitsfähigen Weinen zählen:

- Rotweine aus dem Ribera del Duero
- Rotweine aus Apulien
- Rotweine aus Südfrankreich (Languedoc-Roussillon, Provence)
- Rotweine aus der Toskana
- Malbec
- Zweigelt
- Syrah
- Cabernet-Sauvigon- und Merlot-Cuvées

Option 2: Neues entdecken

»Hört mal alle her: Diesen Wein hier, XY, hatte ich noch nie, aber er klingt superspannend. Kennt ihn jemand? Hättet ihr Lust, ihn auszuprobieren?« Wenn jemand in der Tischrunde den Wein kennt, kann er oder sie gleich eine Empfehlung abgeben und abschätzen, ob er eine passende Wahl wäre.

Um Neues zu entdecken, braucht es den Mut, immer wieder mal etwas Neues auszuprobieren. Ich tue das oft und kann es nur empfehlen. Pluspunkt: Diese Art des Vorgehens minimiert die Schuldzuweisungen, falls der Wein tatsächlich nicht überzeugen sollte (was aber eher selten vorkommt).

Option 3: Nach allgemeinem Konsumverhalten

Das Konsumverhalten, was Wein anbelangt, sieht in der Schweiz, in Deutschland und Österreich folgendermaßen aus (siehe rechts):

Wenn Sie lokale Winzerinnen und Winzer unterstützen wollen, entscheiden Sie sich für regionale Weine – sei dies aus einem nahegelegenen Weinbaugebiet, aus der Region oder zumindest aus Ihrem Land. Wenn Sie keine Lust auf regionalen Wein haben, sind italienische (beliebte Gebiete: Piemont, Toskana, Sardinien, Sizilien) oder spanische Weine (beliebte Gebiete: Ribera del Duero, Navarra, Castilla la Mancha) eine gute Wahl. Damit gehen Sie meistens auf Nummer sicher.

Konsumverhalten Schweiz

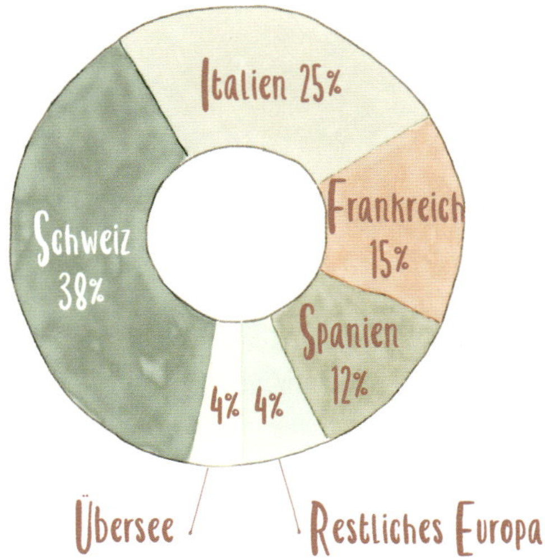

Konsumverhalten Österreich

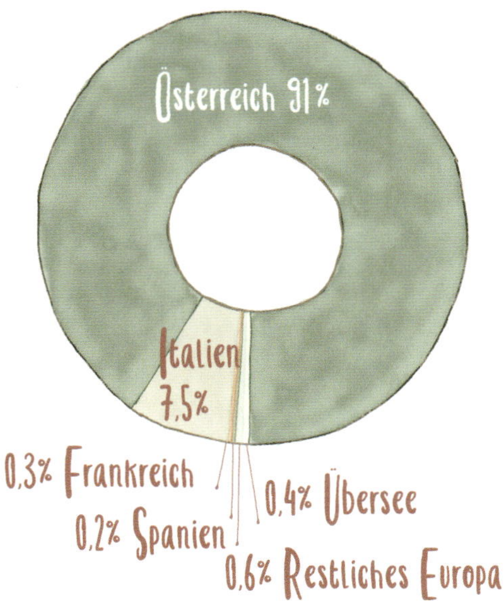

Konsumverhalten Deutschland

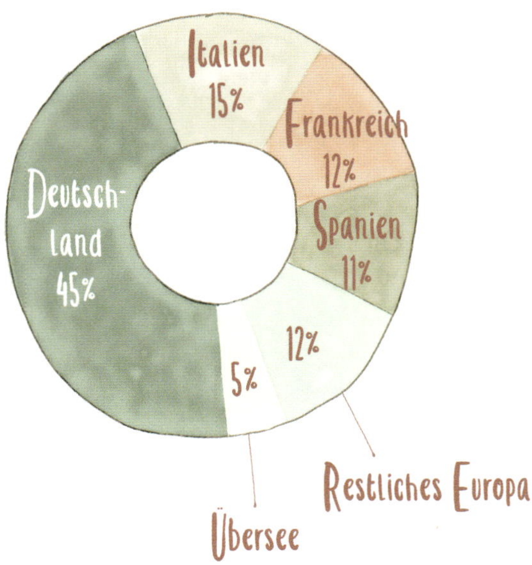

Weinauswahl unter eher Unbekannten

Option 1: Ruckzuck!

Ein schneller Entscheid ist gefragt. Vermeiden Sie stundenlanges Studium der Weinkarte – Sie wollen ja wieder am Tischgespräch teilnehmen. Dazu gibt es zwei Vorgehensweisen:

1. *Die sichere Nummer:* Sie entscheiden nach dem allgemeinen Konsumverhalten. Siehe Option 3, Seite 126.

2. *Die abenteuerliche Nummer:* Wählen Sie einen Wein aus einem Gebiet, das (noch) nicht in aller Munde ist. Oder entscheiden Sie sich für eine Traubensorte, von der Sie noch nie gehört haben.

Beispiele für etwas unbekanntere Weinregionen:

- Weißwein aus Arbois (Jura), Frankreich
- Weißwein aus Savoie, Frankreich
- Rotwein aus Dão, Portugal
- Weißwein aus Alentejo, Portugal
- Weißwein aus Ligurien, Italien
- Weißwein aus Graubünden, Schweiz
- Schaumwein aus Deutschland
- Rotwein aus Carnuntum, Österreich

Beispiele für etwas unbekanntere Traubensorten:

Weiße Traubensorten:

- Welschriesling (Österreich), trocken 
- Räuschling (Schweiz), trocken 
- Trebbiano (Italien), trocken 

Rote Traubensorten:

- Cariñena (Spanien)/ Carignan (Frankreich) 
- Cinsault (Frankreich) 
- Nerello Mascalese (Italien) 
- Lagrein (Italien) 

Fragen Sie beim Bestellen nach, um was für eine Art Wein es sich handelt. So profitieren alle von neuen Informationen – und man hat vielleicht gleich ein gemeinsames Gesprächsthema.

Vermeiden Sie die altbekannten »Rettungsinseln«, also Weine, die jeder kennt. Das ist langweilig. Sie können es besser. Versuchen Sie auch nicht, mit international bekannten Markenweinen zu beeindrucken. Das ist genauso langweilig. Beweisen Sie Selbstbewusstsein, und wachsen Sie über sich hinaus!

Option 2: Bubbles – why not?

Zählen Sie zu den Mutigen? Dann bestellen Sie zum Hauptgang einen Schaumwein. Schaumweine haben einen besonderen Effekt auf die Wahrnehmung der Speisen: Die Kohlensäure entfaltet eine reinigende, neutralisierende Wirkung auf der Zunge, sodass jeder Bissen wie neu wahrgenommen wird. Zudem wirken Schaumweine wegen des tieferen Alkoholvolumens leichter als Rotweine, sodass sie nicht gleich müde machen – das kann bei eher förmlichen Tischrunden mit Geschäftspartnern oder neuen Bekannten von Vorteil sein.

Option 3: Die Strebervariante

Falls Sie den Namen des zu besuchenden Restaurants kennen, schauen Sie auf der Website nach, ob die Weinkarte online verfügbar ist. Viele Restaurants geben einen Einblick in ihr Stammsortiment oder ihre aktuelle Weinkarte (meistens ohne Raritäten). Machen Sie sich schon im Vorfeld ein Bild über die Weinauswahl. Vielleicht werden Sie sogar schon fündig. Dann können Sie zusätzliche Informationen über den betreffenden Wein und über das Weingut einholen und damit beim Anlass auftrumpfen. Ein wenig Angeben ist erlaubt und macht immer Eindruck.

Die Weinkarte lesen

Nach meinen eigenen Recherchen und der Erfahrung aus zahlreichen Weinkursen stellt die Weinkarte selbst eines der größten Hindernisse bei der Weinauswahl im Restaurant dar. Da die Weinkarte in jedem Restaurant wieder anders aufgebaut ist, muss man sich bei jedem Restaurantbesuch auf ein neues Abenteuer (oder für einige sogar auf einen neuen Alptraum) einlassen. Kommt ganz darauf an, wie versiert man im Umgang mit Weinkarten ist.

Die harte Wahrheit ist: Wenn Sie ganz eigenständig – ohne Hilfe des Kellners, der Kellnerin – einen Wein aussuchen wollen, müssen Sie tatsächlich eine gewisse Ahnung von Wein haben. Sie werden nicht darum herum kommen, sich zumindest ein Grundlagenwissen anzueignen. Doch dafür haben Sie ja dieses Buch gekauft!

Eine große Hilfe bei der Auswahl sind die Weincharakteristiken, die Sie auf Seite 42–45 finden. Wenn Sie sich einige Weine mit ihren typischen Eigenschaften merken können, haben Sie schon viel erreicht.

Verschaffen Sie sich einen ersten schnellen Überblick über die Gliederung der Weinkarte. Ganz grob werden Weinkarten nach drei verschiedenen Systemen aufgebaut.

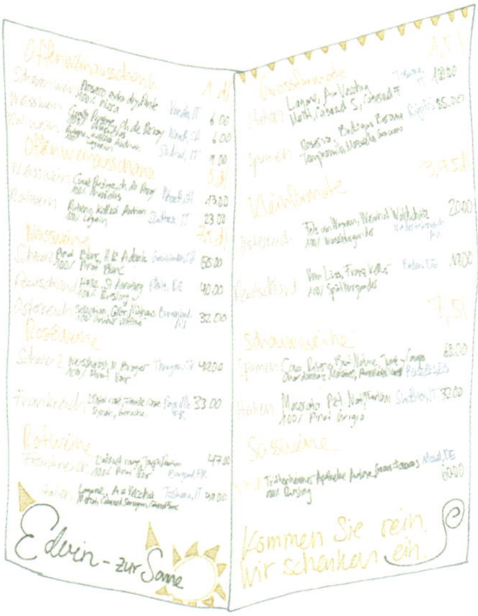

Typ A: Die traditionelle Weinkarte

Für Stammgäste oder kurz entschlossene trinkfeste Gäste

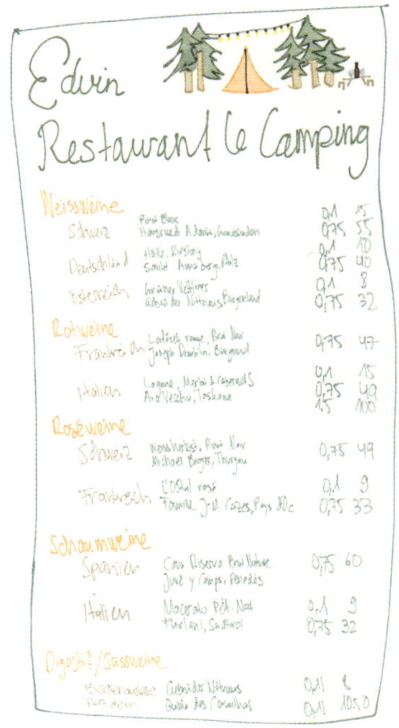

Gliederung:

- Offenausschank (glasweise, ¼ l, ½ l)
- Weißweine
- Roséweine
- Rotweine
- Großformate (1,5 l)
- Schaumweine, Süßweine, Digestifs

1. Beim Offenausschank kann man zwischen verschiedenen Einheiten wählen: 1 dl (1 Glas), ½ l oder regional auch ein »Viertele«, ¼ l (Letztere jeweils als kleine Karaffe)
2. Oft steht ganz am Anfang der Weinkarte noch ein Hauswein oder mehrere, die manchmal offen ausgeschenkt werden und besonders empfehlenswert oder preislich attraktiv sind.
3. Danach folgen alle Flaschenweine (0,75 l).
4. Innerhalb der Weintypen (Weiß, Rosé, Rot) sind die Weine jeweils nach Ländern gegliedert.

Typ B: Die moderne Weinkarte

Für unkomplizierte, risikoscheue, trinkfreudige Gäste

Gliederung:

- Weißweine
- Rotweine
- Roséweine
- Schaumweine
- Süßweine, Digestifs

1. Nicht nach Offenausschank bzw. Flaschenwein gegliedert. Die jeweiligen Einheiten (1 dl, 0,75 l, 1,5 l) stehen alle neben dem betreffenden Wein, sofern erhältlich.
2. Manchmal findet man in dieser Art Weinkarte auch eine Eigenabfüllung (in Kollaboration mit lokalen Weinproduzenten).
3. Innerhalb der Weintypen (Weiß, Rosé, Rot) sind die Weine jeweils nach Ländern gegliedert.

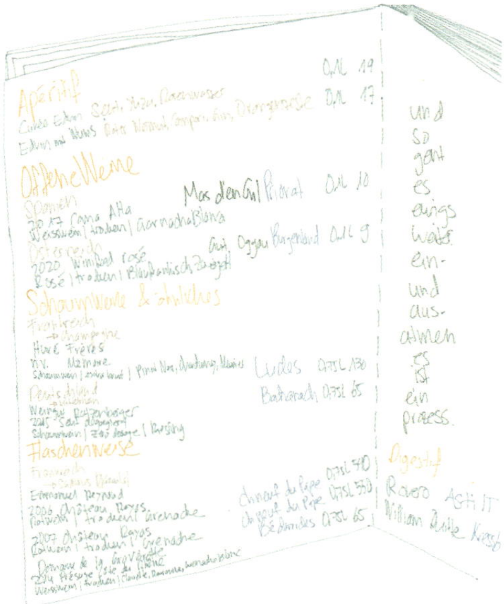

Typ C: Die Fine-Dining-Weinkarte
Für entdeckungsfreudige Gäste mit fortgeschrittener Weinkompetenz

Gliederung:
Offenausschank (1 dl), Aperitifs, Cocktails
Schaumweine
Weine nach Ländern/Regionen
Produzenten mit Weintypen
Digestifs

1. Die Weine werden unter den jeweiligen Ländern bzw. Regionen nach Weintyp (Weiß, Rosé, Rot) und nach Produzenten gegliedert.
2. Pro Wein sind oft mehrere Jahrgänge erhältlich.
3. Pro Region sind oft mehrere Weinproduzenten aufgeführt.
4. Die Weine gibt es im Hauptteil der Karte jeweils als 0,75-Liter-Flasche, wobei gleich anschließend oder auch am Schluss erhältliche Großformate (1,5 l) erwähnt werden.

Holen Sie sich Unterstützung

Beim Studieren der Weinkarte kommen in der Regel viele Fragen auf. Wenn Sie nicht gerade in einem Fast-Food-Restaurant speisen, kann Ihnen das Servicepersonal sicher mit Auskunft und Empfehlungen weiterhelfen.

Sie könnten folgende Fragen stellen:

- Diese Traubensorte sagt mir nichts. Was ist das für ein Wein?
- Diese Weinregion kenne ich nicht. Wie darf ich mir den Stil dieses Weines vorstellen?
- Ich trinke gerne Weine aus der Region XY, würde jedoch gerne etwas Neues, aber im Stil Ähnliches probieren. Was können Sie mir empfehlen?
- Welchen Topwein können Sie mir für etwa XY Euro empfehlen?
- Haben Sie kürzlich neue Weine ins Sortiment aufgenommen? Welche davon können Sie mir empfehlen?
- Aus welchen Traubensorten besteht dieser Wein hier?

Weine ohne Nennung der Traubensorten

Einige Restaurants verzichten auf ihrer Weinkarte auf die Nennung der Traubensorten bei den Weinen – sei dies aus Platzgründen oder weil sie annehmen, dass ihre Gäste die Weine sowieso kennen. Hier erfahren Sie, welche bekannten Weine – es handelt sich dabei immer um Weinregionen – aus welchen Rebsorten bestehen. Wir unterscheiden dabei zwischen sortenreinen Weinen (aus einer Traubensorte) und Verschnitten (Cuvées, Assemblagen aus zwei oder mehreren Traubensorten).

Sortenreine Weine

Weine aus einzelnen Traubensorten

	Wein (Region)	Traubensorte	
Italien	Barbaresco (Piemont)	Nebbiolo	
	Barolo (Piemont)	Nebbiolo	
	Brunello (Toskana)	Sangiovese	
	Chianti, Chianti Classico (Toskana)	Ausschließlich Sangiovese oder Sangiovese mit wenig Cabernet Sauvignon, Merlot, Syrah und Canaiolo (weiße Traubensorte)	Meistens sortenrein, dürfen aber mit den angegebenen Traubensorten verschnitten bzw. vermischt werden.
Frankreich: Burgund	Chablis	Chardonnay	Weine aus dem Burgund sind nach dem Dorf bzw. der Gemeinde, in der die Weinberge liegen, benannt.
	Bourgogne blanc	Chardonnay	
	Meursault	Chardonnay	
	Pouilly-Fuissé	Chardonnay	
	Bourgogne rouge	Pinot Noir	
	Gevrey-Chambertin	Pinot Noir	
	Volnay	Pinot Noir	
	Beaujolais	Gamay	

	Wein (Region)	Traubensorte	
Nördliches Rhonetal	Cornas	Syrah	
	Condrieu	Viognier (weiße Traubensorte)	
	Crozes-Hermitage	Syrah, wenig Marsanne und Roussanne im Wein erlaubt (beides weiße Traubensorten)	
	Côte-Rôtie	Syrah, wenig Viognier im Wein erlaubt	Meistens sortenrein, dürfen aber mit der angegebenen Traubensorte verschnitten bzw. vermischt werden.
	Hermitage	Syrah, wenig Marsanne und Roussanne im Wein erlaubt	Meistens sortenrein, dürfen aber mit den angegebenen Traubensorten verschnitten bzw. vermischt werden.
	Saint-Joseph	Syrah, wenig Marsanne und Roussanne im Wein erlaubt	Meistens sortenrein, dürfen aber mit den angegebenen Traubensorten verschnitten bzw. vermischt werden.
Loire	Pouilly-Fumé	Sauvignon Blanc	
	Sancerre	Sauvignon Blanc	

Verschnitte

Weine aus mehreren Traubensorten

	Wein (Region)	Traubensorte	
Frankreich: Bordeaux	Entre deux mers	Sauvignon Blanc, Sémillon	Weißwein
	Sancerre, Sauternes	Sauvignon Blanc, Sémillon, Muscadelle	Süßwein
	Pomerol	Merlot, Cabernet Franc	Merlot meistens als dominierende Traubensorte
	Saint-Émilion	Merlot, Cabernet Sauvignon, Cabernet Franc, seltener Petit Verdot	Merlot meistens als dominierende Traubensorte
	Saint-Estèphe	Cabernet Sauvignon, Merlot, Cabernet Franc, seltener Petit Verdot	Cabernet Sauvignon meistens als dominierende Traubensorte
	Pauillac	Cabernet Sauvignon, Merlot, Cabernet Franc, seltener Petit Verdot	Cabernet Sauvignon meistens als dominierende Traubensorte
	Saint-Julien	Cabernet Sauvignon, Merlot, Cabernet Franc, seltener Petit Verdot	Cabernet Sauvignon meistens als dominierende Traubensorte
	Margaux	Cabernet Sauvignon, Merlot, Cabernet Franc, seltener Petit Verdot	Cabernet Sauvignon meistens als dominierende Traubensorte
	Haut-Médoc	Cabernet Sauvignon, Merlot, Cabernet Franc, seltener Petit Verdot	Cabernet Sauvignon meistens als dominierende Traubensorte

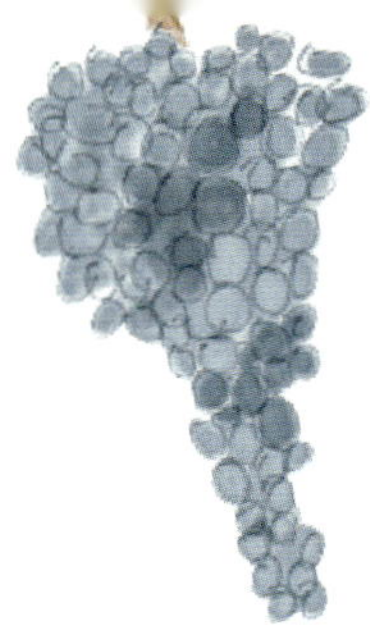

	Wein (Region)	Traubensorte	
Südliches Rhonetal	Châteauneuf-du-Pape, rot	Grenache, Mourvèdre, Syrah	Grenache meistens als dominierende Traubensorte
	Châteauneuf-du-Pape, weiß	Roussanne, Clairette Blanche, Piquepoul Blanc, Bourboulenc, Grenache Blanc und Gris	Roussanne und Clairette meistens als dominierende Traubensorten
	Côtes du Rhône, rot	Grenache, Syrah, Cinsault, Carignan, Counoise, Mourvèdre	
	Côtes du Rhône, weiß	Clairette, Grenache Blanc, Marsanne, Roussanne, Bourboulenc, Viognier	
Spanien	Rioja	Tempranillo, Garnacha, Mazuelo (= Cariñena) und Graciano	Tempranillo meistens als dominierende Traubensorte

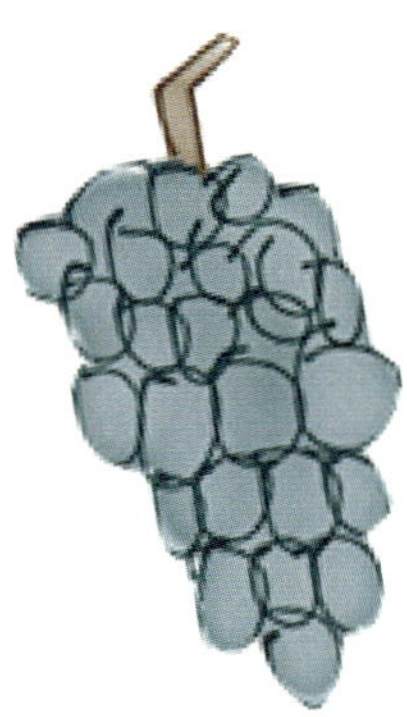

WEIN BESTELLEN, ÜBERPRÜFEN, VERKOSTEN

Wie oft haben Sie sich oder andere schon dabei ertappt, dass die Weinauswahl der Bedienung praktisch zugeflüstert wird? Man neigt sich ganz nahe zum Kellner, zur Kellnerin, um dafür zu sorgen, dass man sich bei einem falsch ausgesprochenen Weinnamen oder der Traubensorte nicht völlig bloßstellt. Welche Blamage! Vor Schande möchte man in Grund und Boden versinken.

Doch immer mit der Ruhe! Es geht hier nicht um Leben und Tod – obwohl es sich für einige vielleicht fast so anfühlen mag. Etwas möglicherweise falsch auszusprechen, rührt an Kindheitstraumata, weckt Erinnerungen an Schul- und Prüfungssituationen, löst Gefühle des Ungenügens und Unbehagens aus. Weil das Thema Wein kulturell überfrachtet und von einem besonderen Nimbus umgeben ist, spitzt sich für viele beim Weinbestellen die Gefahr der Bloßstellung überproportional zu. Man will ja nicht als ungehobelter Hinterwäldler erscheinen. Doch Hilfe naht.

Machen Sie sich immer wieder bewusst, dass Sie hier nicht an einem »Best Sommelier of the World«-Wettkampf teilnehmen. Denken Sie daran, dass Sie und Ihre Tischnachbarn aus einem einzigen Grund zusammengekommen sind: aus der Liebe zum Genuss, und nicht um Ihre Weinkenntnisse unter Beweis zu stellen.

Wein kompetent benennen

Aus der Weinkarte wird oft nicht auf Anhieb klar ersichtlich, wie der Wein genau heißt. Zum Teil steht die Traubensorte zusätzlich zum Weinnamen (1, 2), oder der Weinname ist identisch mit der Bezeichnung der Traubensorte (3), zum Beispiel:

① Chardonnay Grande Dame
(Traubensorte + Weinname)
Domaine de la Schwiegermutter
(Produzent)

② Chasselas Les Messieurs
(Traubensorte + Weinname)
Château du Chien (Produzent)

③ Garnacha (Weinname = Traubensorte)
Clos Castro (Produzent)

Beim Bestellen ist vor allem der Weinname zu nennen. Es ist jedoch nie falsch, zusätzlich den Produzenten beziehungsweise das Weingut zu erwähnen. Der Weinname allein genügt jedoch in der Regel und kommt auf der Karte auch nicht zwei Mal vor, sodass keine Verwechslung möglich ist.

Wenn von einem Produzenten mehrere Weine auf der Weinkarte stehen, deren Name jeweils nur aus der Bezeichnung der Rebsorte besteht, muss man diese zwingend bei der Bestellung angeben, zum Beispiel:

Riesling (Traubensorte = Weinname)
Weinbau zum alten Sack, Pfalz
(Produzent, Weinregion)

Riesling (Traubensorte = Weinname)
Schlossgut Rapunzel, Rheingau
(Produzent, Weinregion)

Gut gestaltete Weinkarten machen es einem einfach, indem der Weinname in fetter oder größerer Schrift hervorgehoben wird:

FLORALE KANONE (Weinname, beim Bestellen zu erwähnen)
Grüner Veltliner (Traubensorte)
Weinhof Blumenwiese, Kamptal
(Produzent erwähnen)

PROSECCO SUPERIORE DOCG BRUT, DOMINI FIZZY (Weinname und Produzent, beim Bestellen zu erwähnen)
100 % Glera (Traubensorte)

ROSA PERLA (Weinname, beim Bestellen zu erwähnen)
Quinta de la Susana (Produzent erwähnen)
Douro (Region)

BAROLO, GUIDOYOLO (Weinname und Produzent, beim Bestellen zu erwähnen)
100% Nebbiolo (Traubensorte, beim Bestellen nicht erwähnen)
Piemont (Region nicht erwähnen)

So bestellen Sie Ihren Wein

Nennen Sie den Namen des Weins und eventuell den Produzenten: »Gerne die Florale Kanone vom Weinhof Blumenwiese«, oder »Bitte den Barolo von GuidoYolo«.

Was Sie bei der Bestellung nicht erwähnen müssen:

- die Region, z. B. Toro DO oder Rioja DOCa
- den Jahrgang (außer sie sind in einem Sternerestaurant, das vom gleichen Wein mehrere Jahrgänge zur Auswahl hat; dann sagen Sie etwa: »Gerne den Château de Chouchou 5ème Grand Cru Classé 2015« oder »Den Château de Chouchou 5ème Grand Cru Classé 2011«)
- den Preis
- die Traubensorte (es sei denn, die Traubensorte ist der Weinname)
- die Klassifikation (z. B. Grand Cru, Premier Cru, 1er Grand Cru Classé, Cru Bourgeois, AOC, DO, DOCG, IGT usw.)

Gut zu wissen:
Merken Sie sich den Weinnamen, den Produzenten und den Jahrgang, bis die Flasche an den Tisch gebracht wird, sodass Sie den Wein kontrollieren können, bevor Sie ihn verkosten. Siehe rechts, »Wein korrekt überprüfen«.

Wein korrekt überprüfen

Die Weinflasche wird Ihnen vor dem Öffnen gezeigt. Überprüfen Sie, dass es sich um den Wein handelt, den Sie bestellt haben, kontrollieren Sie:

- Name des Weins
- Produzent
- Jahrgang

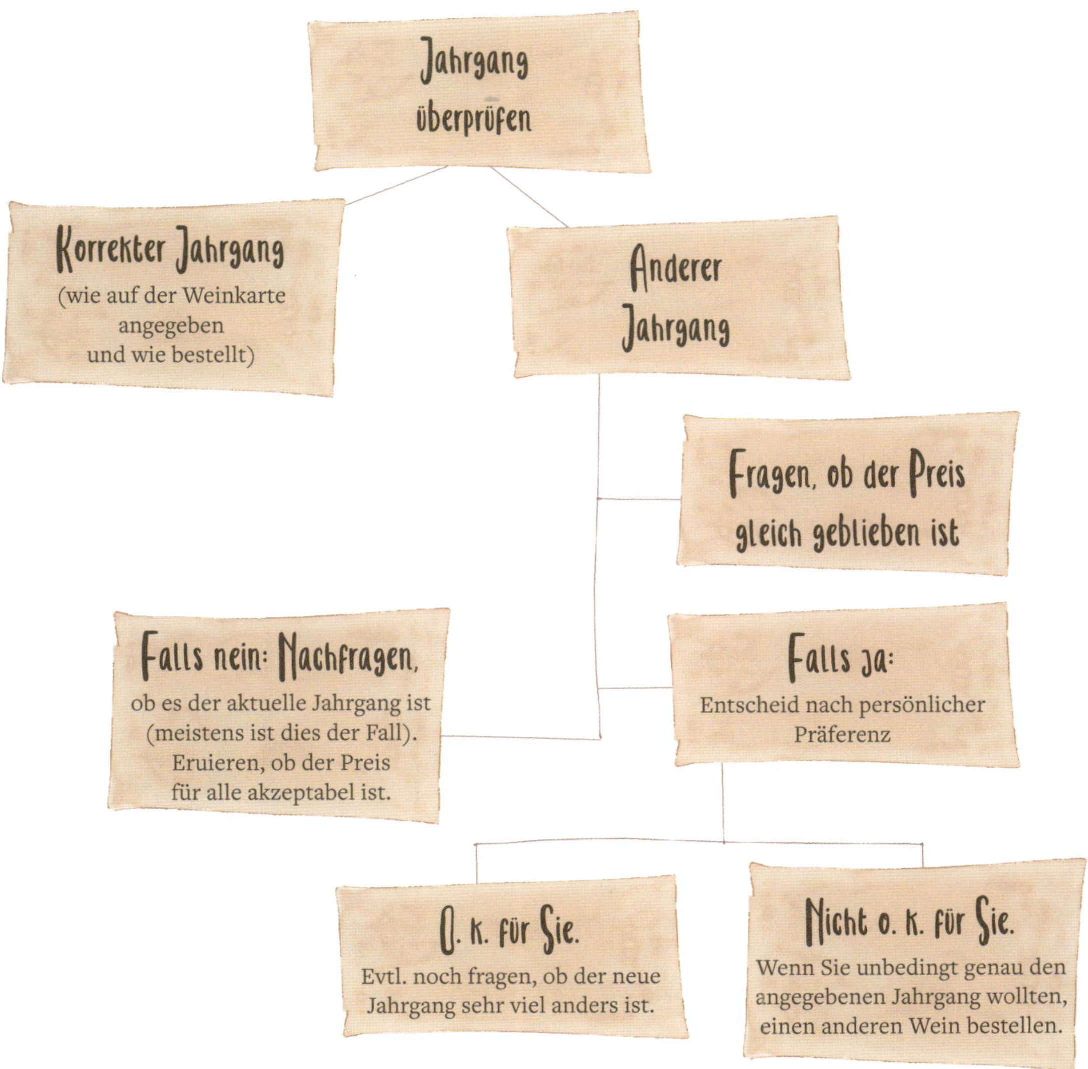

Der korrekte Jahrgang auf dem Etikett ist nicht unwesentlich, weil ein anderer Jahrgang qualitative Unterschiede und oft auch einen höheren Preis mit sich bringen kann.

Normalerweise sollte die Weinkarte einschließlich der Jahrgänge auf dem neusten Stand sein. Bei einem Jahrgangswechsel (alter Jahrgang ausverkauft, neuer geliefert), der nicht auf der Weinkarte nachgeführt wurde, ist die Bedienung verpflichtet, Sie über etwaige Preisänderungen zu informieren. Wenn sich der Preis geändert hat, müssen Sie entscheiden, ob Sie den Wein trotzdem wollen. Es kann aber auch sein, dass Sie unbedingt den auf der Karte angegebenen Jahrgang wollten, da Sie sich mit der entsprechenden Region, den Jahrgängen und deren qualitative Unterschiede auskennen. Dann ist man meistens etwas enttäuscht. Nun gilt es zu entscheiden, ob Sie einen anderen Jahrgang akzeptieren oder nochmals die Weinkarte verlangen, um einen anderen Wein zu wählen.

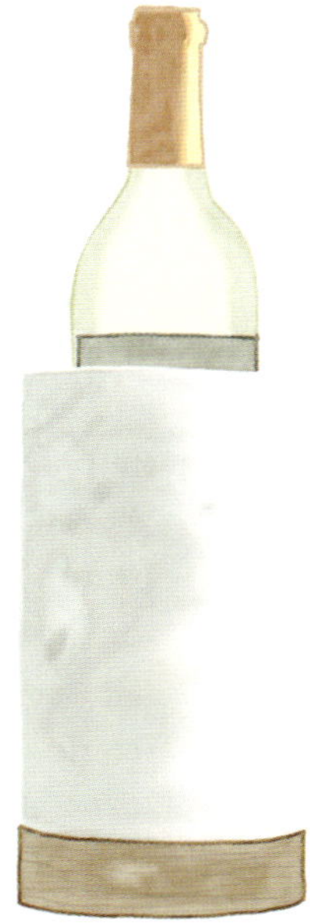

Coole Sache

Falls der Wein zu warm ist, lassen Sie ihn für Sie kühl stellen.

Wein richtig verkosten

Nachdem Sie die Angaben auf der Weinflasche geprüft haben, wird die Flasche geöffnet, und Sie dürfen den Wein verkosten. Vor diesem Moment graut vielen. Während Sie das Glas zum Mund führen, sind alle Blicke auf Sie gerichtet. Sie sind total verkrampft und versuchen doch so locker wie möglich zu erscheinen, ohne einen Fehler zu machen oder sich gar zu verschlucken. Wieder so ein Moment, in dem man am liebsten unsichtbar wäre. Doch auch hier kein Grund zur Panik.

Verkosten Schritt für Schritt

1. Schwing das Ding

Schwenken Sie den Probierschluck im Glas – egal ob Rot-, Weiß-, Rosé-, Süß- oder Schaumwein. Der Sauerstoff, der sich dadurch unter den Wein mischt, tut ihm gut. Der Wein wird belüftet, und dadurch entfalten sich mehr Aromen. Das heißt, Sie können so mehr herausschnuppern.

Achten Sie darauf, dass der Wein nicht zu kalt ausgeschenkt wird. Kälte verdeckt Aromen und somit auch Fehlaromen. Falls der Wein wirklich sehr kalt ist, nehmen Sie das Glas zwischen beide Handflächen. Der Wein erwärmt sich so sehr schnell. Sobald Sie den Wein verkostet und für fehlerfrei erklärt haben, darf allen eingeschenkt werden, auch wenn der Wein noch etwas kalt ist. Durch die Raumtemperatur erwärmt sich der Wein schnell. Ist der Wein beim Verkosten zu warm, dominiert der Alkohol und stellt alle anderen Aromen in den Schatten. Bitten Sie die Bedienung, den Wein nach dem ersten Verkosten noch etwas kalt zu stellen, und verkosten Sie ihn danach nochmals.

2. Trinken, nicht nur schnuppern

Bestimmt kennen Sie diese Situation: Sie verkosten den Wein und denken bei sich: »Doch, doch. Dieser Wein, der muss wohl einfach so riechen und so ›speziell‹ schmecken. Das ist sicher ganz normal. Das muss so sein.« Wenn es nicht um einen Naturwein geht, der tatsächlich meistens eher unkonventionell riecht, vertrauen Sie Ihrem Instinkt.

Wenn Sie unsicher sind, lassen Sie den Wein noch von einer anderen Person am Tisch verkosten. Sollte sich der Wein nach der ersten ausgeschenkten Runde dennoch als korkig entpuppen, haben Sie immerhin eine(n) »Mitschuldige(n)«.

Nehmen Sie zum Probieren einen anständig großen Schluck. Konzentrieren Sie sich auf den Wein – auch wenn alle Augen auf Sie gerichtet sind, bedarf es hier Ihrer vollen, ungeteilten Aufmerksamkeit. Entwarnung: Sie müssen nur herausfinden, ob der Wein fehlerfrei (sauber) ist. Sie müssen den Fehler weder bestimmen noch genauer definieren, sondern nur Ihr Okay oder eben Nicht-Okay geben.

Folgen Sie den auf Seite 146/147 beschriebenen Schritten.

Übrigens: Ein Wein kann gut riechen, im Mund aber total flach wirken: Im Gaumen fehlt ihm jeglicher Kick, er wirkt plump und fad. Das liegt oft an fehlender Säure oder fehlender Frucht, die mit der Zeit aus dem Wein entweichen. In diesem Fall kann man davon ausgehen, dass der Wein seinen Zenit überschritten hat und nicht mehr genießbar ist. Sie dürfen den Wein zurückgeben und erklären der Bedienung natürlich – freundlich wie immer – Ihren Befund.

Gut zu wissen:
Wenn der Wein nach gar nichts riecht und Sie kaum Aromen wahrnehmen können, liegt es meistens an einem Sauerstoffmangel. Bitten Sie die Bedienung, den Wein zu karaffieren, und verkosten Sie ihn danach nochmals. Durch das Umfüllen in die Karaffe kommt der Wein mit mehr Sauerstoff in Kontakt, er kann »atmen« und seine Aroimen besser entfalten. Das dauert auch nicht lange. Ein Schaumwein hat schließlich mehr zu bieten als nur Schaum!

3. Grünes Licht geben

Der härteste Teil ist überstanden. Sie und Ihre Gäste leben noch, auch die Bedienung hat nicht aufgegeben. Glückwunsch.

Wenn Sie den Wein verkostet und für gut befunden haben, teilen Sie dies der Bedienung mit, um damit das Zeichen dafür zu geben, dass allen eingeschenkt werden kann.

Kleiner Tipp meinerseits: Keep it simple! Nicken und lächeln reicht oft schon als Zeichen für grünes Licht. Ein kurzes »Sehr gut« tut es auch. Oder Sie sagen zum Beispiel: »Perfekt. Der Wein ist sehr gut, danke.« Oder: »Genauso habe ich mir diesen Wein vorgestellt. Sehr gut, danke.« Das reicht vollauf, Sie müssen kein Gesamteindruck-Statement für ein Weinmagazin abgeben.

Seien Sie ehrlich zu sich selbst:

Der Wein trifft nicht genau Ihren Geschmack?

Ärgerlich.
Sie haben Ihren Weinstil nicht getroffen.

Sie müssen den Wein leider dennoch behalten und hoffen, dass er immerhin den Geschmack Ihrer Tischrunde trifft.

Riecht der Wein nach feuchtem Keller, feuchtem Korken (Korkfehler)? Dann dürfen Sie den Wein zurückgeben, und er wird Ihnen ersetzt.

Gut zu wissen:
Wenn Sie einen Wein aufgrund von Fehlern (Fehlaromen) zurückweisen, müssen Sie sich dafür nicht entschuldigen und auch kein schlechtes Gewissen haben. Weder Sie noch die Bedienung können etwas dafür. Um die Situation zu retten, sagen Sie etwas wie: »Wein lebt eben. Er ist ein Stück Natur.«
Im Falle einer Überalterung, wenn der Wein also seinen Zenit überschritten hat, überaltert und somit ungenießbar ist, dürfen Sie ihn ebenfalls zurückschicken. Dann können Sie etwa Folgendes sagen: »Dieser Wein hat leider seine Zeit hinter sich. Es macht wirklich keinen Spaß mehr, ihn zu trinken.«

Der Wein wirkt seltsam?
Irgendetwas ist falsch.
Wie riecht er genau?

Der Wein hat einen Fehler.
Irgendetwas stört Sie.

Sie riechen fast nichts.
Der Wein wirkt reduktiv, verhalten. Bitten Sie die Bedienung, den Wein zu karaffieren. Dann probieren Sie nochmals.

Sie können den Fehler nicht genau definieren? Macht nichts. Sagen Sie der Bedienung, dass der Wein irgendeinen Fehler hat, und er wird Ihnen ersetzt.

Die Sauerstoffzufuhr hat dem Wein gutgetan. Der Wein riecht klarer, die Aromen kommen zur Geltung. Zum Wohl!

Der Wein riecht immer noch seltsam, miefig. Dann haben Sie es mit einem Weinfehler (Böckser) zu tun.
Der Wein wird Ihnen ersetzt.

DOS UND DON'TS BEIM WEINBESTELLEN

Dos

- Im Weinladen ist der Preis des Weins immer ein Thema, nicht aber im Restaurant. Da kommen bei vielen Hemmungen auf.
  Wenn Sie sich von der Bedienung beraten lassen, ist es sehr hilfreich, einen Budgetrahmen anzugeben. Etwa indem Sie sagen: »Wir lieben Merlot-Weine aus wärmeren Gebieten. Können Sie uns da etwas unter 100 Euro empfehlen?«
  Die ganz Schüchternen, die ihre Preisvorstellung vor den anderen Gästen nicht laut nennen möchten, können mit dem Finger auf einen ähnlichen Preis auf der Karte zeigen und sagen: »Gerne etwa in diesem Preisrahmen.«

- Reden Sie mit der Bedienung unbedingt Klartext. Es geht schließlich um Ihr persönliches Weinerlebnis:
  - »Ich mag Chardonnay. Können Sie mir einen empfehlen oder etwas Ähnliches zeigen?«
  - »Also Spanier finde ich nicht schlecht. Was haben Sie da so?«

Don'ts

- Nein, Sie dürfen den ausgewählten Wein nicht zuerst verkosten und sich dann erst entscheiden. Das tun Sie mit den Äpfeln im Laden ja auch nicht. Stellen Sie sich mal vor, wie viele Flaschen so umsonst geöffnet und dem Restaurant zu Buche schlagen würden.

- »Ich mag diesen Wein nicht« ist kein Argument, den Wein zurückzuschicken. Dann haben Sie einfach schlecht gewählt, und/oder Sie kennen Ihren Geschmack, Ihren Weinstil nicht gut genug. Zurück auf Feld eins: You can do better.

- Die halbe Flasche trinken und dann behaupten, der Wein habe Zapfen. Dafür gibt es den Probierschluck.

- Alle am Tisch fragen, was sie gerne trinken möchten. Die eine Hälfte weiß es nicht, und die andere Hälfte gibt drei verschiedene Antworten. Fragen Sie lieber:

»Worauf habt ihr Lust: Weißen oder Roten?«
»Starten wir mit einem Rosé und gehen dann zum Roten über? Ist das in Ordnung für alle?«

- Wenn Sie gereifte (über ca. 10 Jahre alte) Weine bestellen, gehen Sie das Risiko ein, dass der Wein möglicherweise seinen Zenit überschritten hat. Das Restaurant ist für eine optimale Lagerung und für das professionelle Einschenken verantwortlich, es kann aber nicht für den Lebenszyklus eines Weines haften. Wein ist ein Naturprodukt und nicht für die Ewigkeit hergestellt. Wenn ein gereifter, aber sonst fehlerfreier Wein nicht Ihren Vorstellungen entspricht, müssen Sie damit leben. Entscheidend ist die Differenzierung, ob ein Wein »nur« tertiäre (Reife-)Aromen aufweist oder aber seinen Zenit klar überschritten hat. Die Geschmacksentwicklung ist in diesen beiden Fällen ganz unterschiedlich. Mit Ersterem müssen Sie leben und dürfen die Flasche nicht zurückschicken. – Spülen Sie Ihre Enttäuschung einfach mit einem Grappa hinunter!

- Lassen Sie Ihr Handy in der Tasche. Es ist für Gastronominnen und Gastronomen ein Affront, wenn Sie eine Wein-App benutzen oder Weine googeln, bevor Sie die Bedienung nach Empfehlungen gefragt haben. Nutzen Sie das vor Ort vorhandene Wissen. Die Weinflasche als Erinnerung zu fotografieren, ist dann aber wieder ein Kompliment an das Restaurant und wird auch gerne gesehen.

DANK

Meinem Ehemann, der mir beigebracht hat, mit Feedback richtig umzugehen, um am Ende des Tages noch besser zu werden. Danke für all deine Inspiration und positive Energie.

Meinen edvin_weine-Instagram-Followerinnen und -Followern, die mir treu zur Seite stehen, mich mit Fragen löchern und durch die ich täglich mehr dazulernen darf. Ohne euch hätte ich dieses Buch nicht schreiben können.

AT Verlag, Aarau und München
Lektorat: AT Verlag
Illustrationen: Madelyne Meyer
Grafische Gestaltung und Satz: AT Verlag
Druck und Bindearbeiten: Printer Trento, Trento
Printed in Italy

ISBN 978-3-03902-178-9

www.at-verlag.ch